中央高校基本科研业务
Fundamental Research Funds

共建共治共享视域下的

社会治理创新与社会动员转型

——以北京S街道经验为例

方舒　樊欢欢　著

本书以北京S街道近年来创新社会治理和基层社会动员机制实践为例，总结了其在规范化治理、多元化治理、协同化治理、网络化治理、精细化治理、民主化治理方面的经验，以期为当地和其他地区社会治理创新提供借鉴。

中国财经出版传媒集团

经济科学出版社

Economic Science Press

图书在版编目（CIP）数据

共建共治共享视域下的社会治理创新与社会动员
转型：以北京 S 街道经验为例/方舒，樊欢欢著．
—北京：经济科学出版社，2021.6
ISBN 978 - 7 - 5218 - 2599 - 2

Ⅰ. ①共…　Ⅱ. ①方…②樊…　Ⅲ. ①社会管理 -
研究 - 北京　Ⅳ. ①D671

中国版本图书馆 CIP 数据核字（2021）第 104838 号

责任编辑：刘战兵
责任校对：刘　昕
责任印制：范　艳　张佳裕

共建共治共享视域下的社会治理创新与社会动员转型
——以北京 S 街道经验为例
方　舒　樊欢欢　著
经济科学出版社出版、发行　新华书店经销
社址：北京市海淀区阜成路甲 28 号　邮编：100142
总编部电话：010 - 88191217　发行部电话：010 - 88191522
网址：www. esp. com. cn
电子邮箱：esp@ esp. com. cn
天猫网店：经济科学出版社旗舰店
网址：http://jjkxcbs. tmall. com
北京季蜂印刷有限公司印装
710×1000　16 开　12 印张　230000 字
2021 年 6 月第 1 版　2021 年 6 月第 1 次印刷
ISBN 978 - 7 - 5218 - 2599 - 2　定价：48.00 元
（图书出现印装问题，本社负责调换．电话：010 - 88191510）
（版权所有　侵权必究　打击盗版　举报热线：010 - 88191661
QQ：2242791300　营销中心电话：010 - 88191537
电子邮箱：dbts@ esp. com. cn）

目　　录

第一章

导　论

第一节　研究问题的提出

一、全面深化改革新时期的社会治理创新

中国特色社会主义进入了新时代，在社会不断进步的同时，社会问题与社会矛盾也不断出现，发展不平衡不充分与人民日益增长的美好生活需要的矛盾已经成为社会主要矛盾。同时社会问题和社会矛盾交叠，实现社会治理创新任务依然繁重。所以，如何正确认识社会问题与社会矛盾、如何有效化解社会问题与社会矛盾，以及如何通过合理有效地配置社会资源实现民生福祉，依然是我国今后一个时期社会治理的重大课题，同时也是中国共产党必须重视的重要现实问题。

上述一系列理论与现实议题都亟须创新社会治理来加以化解和处理。社会治理是国家治理体系的支柱之一，善治也是社会发展的重要条件，真正了解民之所需，才能真正实现社会平稳发展、国家长治久安。中国共产党和中国政府一直高度重视社会治理的转型与创新，尤其是党的十八届三中全会以来，为适应全面深化改革和经济社会发展新常态的时代要求，我国的社会治理创新进入了全新阶段，要求我们在新时期必须全面深化对社会治理体制机制的改革创新。

街道作为城市社会的一个单元层级，在推进社会治理创新上的作用举足轻重，而且国家的社会治理进入全新格局更是需要无数个单位、无数个地方实践和经验的融汇。因此，当下亟须理论联系实际，本书以 S 街道近年来创新社会治理和基层社会动员机制创新实践为例，通过街道和动员科层面在其中的组织与协调以及发挥的作用入手，来对 S 街道社会治理和社会动员进行过程描述和逻辑分析，以期建构具有理论和实践双重价值的社会治理创新的基层经验。

二、研究问题

在社会治理中，创新发展以及社会动员是不可缺少的重要方法和途径，也是现代社会发展过程中必须要抓住的一个关键环节。从某种程度上说，社会动员既是基层社会治理创新的有机组成部分，也是建设现代社会关系网络的必然选择。应该说，S街道在创新社区治理以及实施社会动员方面取得了不俗的成绩，也积累了可贵的经验；但也必须看到，在社会环境发生重大变化的今天，要建立与现代社会发展相适应的社会动员体系，还面临着不少挑战和问题。

本书梳理总结了S街道在社区治理中实现规范化治理、多元化治理、协同化治理、网络化治理、精细化治理和民主化治理的社会治理创新方法，探究了S街道在社会治理创新中如何实现社会动员转型以及通过社会动员转型全面深化对基层社会治理体制机制进行改革创新，最后通过对现实材料的总结，概括出S街道社会治理创新的特色与经验。

三、本书的主要思路

本书的主要研究思路与框架如图1-1所示。

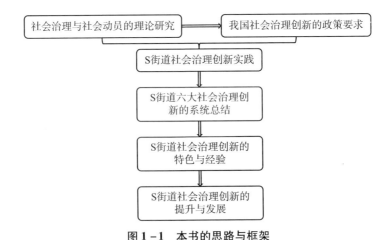

图1-1 本书的思路与框架

首先，本书以S街道作为个案，总结研究了其"规范化治理""多元化治理""协同化治理""网络化治理""精细化治理""民主化治理"六大方面社会治理创新系统，并对这六大方面进行了系统关系描述；其次，结合近年来我国社会治理创新的政策要求,如依法治理、系统治理、源头治理和综合治理等基本要求和政策框架,将"六化治理"所包含的各个方面,与国家政策进行系统的比照和分析,概括出 S 模式的政策意涵;再次,站在全国当前阶段社会治理创新发展的大背景、大趋势中,审视 S 街道"六化治理"模式的前瞻性和引领性,并指出这一模式对全国其他地方的借鉴意义;最后,将 S 街道"六化治理"模式与国家治理体系和治理能力现代化、构建中国特色新型社会治理、我国社会动员体制机制的深刻转型进行比较分析,并从中提出进一步提升和发展 S 街道社会治理创新的政策建议,以期为当地和其他地区社会治理创新提供借鉴。

第二节 社会治理与社会动员

一、社会治理及其创新

本书将社会治理定义为:政府、社会组织和公众运用各种资源和手段,对社会生活、社会事务、社会组织进行规范、协调与服务的一系列活动及其过程,以规范社会成员的社会行为、管理与服务社会各类群体、协调社会利益关系、预防和应对风险及组织与整合社会各系统等为主要内容,实现解决社会问题、化解社会矛盾、维护社会稳定、促进社会公正、激发社会活力、增强社会凝聚力和提高社会生活质量等目标。

这一定义很好地将社会治理的内涵从管理延伸至服务,从宏观系统延伸至微观层面,从政治色彩强转变为生活与福利的色彩浓。结合中国现实情况,透过这一定义,本书明确了现代社会治理的主体是政府、社会组织和公众,主要目标是维护和优化社会秩序,主要范畴包括加强社会保护、改善民生福祉、促进社会公正、提升公共安全和社会自组织化。

上述定义说明,社会治理打破了政府对公共管理的垄断,将社会力量纳入公共管理体系中。具体到社区层面:一方面,社会治理的目标是社区服务设施更加完善、社区服务能力明显提升,加大人力、物力、财力资源向基层投入力度,构建多层次、多样化的社区服务体系。另一方面,社会治理要实现社区自治功能日益增强,居民群众的归属感和认同感进一步提升。在社会治理中必须围绕推进治理体系和治理能力现代化的发展任务,注重加强顶层设计、整体规划、发展统筹和部门协同,注重加强规划引导、政策指导、实验督导和示范向导,用创新理念、协调理念、绿色理念、开放理念、共享理念引领治理实践,要让每一位居民都有获得感。实际上，就是政府的政策要能使每一个人在经济社会发展过程中都能有参与、有获益、有奔头，进而产生幸福感。

二、社会动员

就社会发展而言，"社会动员作为一种调动教育、大众传播等手段来实现社会各方面积极转型的过程，是社会治理的重要组成部分，并已成为一种能对社会及人们的思想、心理、价值取向产生深刻影响的社会功能机制"[①]。过去，社会动员是中国共产党在革命时期和社会建设发展中通过意识形态的运动式召集，调动社会的各种有效资源，团结一切可以团结的力量，将其纳入社会组织体系中来发挥各自作用的行动及其过程。在传统社会向现代社会转型过程中，社会流动性和个体化不断凸显，导致社会秩序的紊乱和社会结构的原子化。但是以前的社会动员通过政治认同，让大家处于被动接受状态中，此外资源分化导致利益集团多元化，从而使得以往的社会动员机制不能充分整合社会力量，并已经产生了结构性的问题，由此需要新型的社会动员。"理想中的社会动员在维护社会关系增强社会凝聚力中占据着重要的地位。"[②] 通过社会动员，可以形成一种巨大的推力来促进社会机体中社会成员的向心力和凝聚力，使社会机体的发展目标趋于一致，最大限度推动社会发展进程以及资源的优化配置。[③]

S街道以调动社会力量参与社会动员的积极性为目标，以动员社会力量参与民生服务为主要内容，初步建立了政府购买社会组织公共服务的制度。近年来，S街道各类社会组织快速发展，社会公共服务实现全覆盖。与此同时，S街道也面临各种社区的治理难题，通过积极开拓进取，打造地区集13社区网、区域党建指导中心、社会组织指导服务中心、家庭综合服务中心和社会单位服务中心和公益储蓄分中心于一体的"一网五中心"综合平台，实现了交流融合、居民自治、职能转变、组织发展、难题破解等目标，构建了"线上动员与线下动员""常态性动员与应急性动员""行政化动员与社会化动员"相结合的立体动员体系，探索出一条基层社会动员的新途径。这些可贵的经验都亟须总结和宣传。

---

① 王学俭、高璐佳：《现代社会动员理论与马克思主义大众化策略》，载于《兰州大学学报（社会科学版）》2010年第2期，第144~148页。
② 姜鹏飞：《一个社会的动员——试析政府在应对公共突发事件中的社会动员能力》，吉林大学硕士学位论文，2009年，第13页。
③ 许东雪：《"大跃进"时期中国共产党的社会动员研究》，曲阜师范大学硕士学位论文，2012年，第5页。

三、二者间的逻辑关联

一个国家的治理模式是和这个国家的历史发展与社会变迁过程紧密相关的，在中国国家治理的历史进程中，社会动员作为中国现代化建设和转型期推行善治的一个主要治理手段，同样也发生了深刻而重大的历史变迁，每个阶段的社会治理，都是通过社会动员来实现。

中国共产党和中国政府在社会主义建设初期的社会治理是通过政治动员来大力宣传党的思想，但是"左"的思想和个人崇拜最终将美好的愿望引入了极端，导致社会动员成为社会走向无序的"助推器"。党的十一届三中全会后，社会动员没有选择群众运动，而是更倾向从社会再组织化的角度来让广大人民群众从更理性的立场出发参与公共事务。随着中国特色社会主义进入新时代，在全新发展理念的指导下，国家坚持走民主协商和可持续发展道路，基层社会治理中的居民参与不断得到加强，同时互联网媒体等在新时代的动员效应日益突出，我国社会动员开始增添越来越多的公民参与成分。

从历史分析可以看出，社会动员与社会治理有着非常紧密的关联。

第一，社会动员作为一种社会组织化的方式，是助推社会治理创新目标实现的重要手段和技术方式。社会治理以追求社会整合和社会再组织化为重要目标，无论是以往党和政府对人民群众的发动，还是改革以来公众参与的兴起，都是社会动员的具体形式，这些动员形式在各个历史时期客观上都推动了社会治理目标的实现。

第二，社会治理是囊括社会动员的更大范畴的概念，为社会动员规定了明确的行动框架和具体准则。例如，改革以前的国家治理模式过分强调政府的权威和统揽，因此当时的社会动员只能采取政府自上而下式的、运动式的群众发动方式，以此确保政府在国家治理中的绝对主导。但改革以来的社会变迁让政府的传统治理模式发生了转型，新型社会动员更是"插上了互联网新媒体的翅膀"，便于更多的人参与其中，这种动员方式在拓展了公民参与空间的同时，也为政府实施更为有效的治理起到助推作用。

第三，社会动员与社会治理是互构的动态关系。上述历史分析体现出，社会动员在一个时期所产生的效应，能够在很大程度上塑造社会治理模式。尤其是在中国特色社会主义进入新时代，我国社会的主要矛盾发生深刻转变的当下，像S街道这样主动以社会动员转型推进社会治理创新的地方还有很多，无数的实践和经验一定会不断被总结、归纳，然后由社会治理创新的地方经验、地方特色和地方模式汇集成社会治理的"中国经验""中国特色""中国模式"。这种自下而上地将地方实践上升为顶层设计的过程，体现了新型社会动员在型塑社会治理上的巨大活力，反映了动员和治理上下互动的动态关系。

综上所述，社会动员是社会治理的一种技术手段，在实现社会治理目标上具有非常有效的实际作用，同时社会动员虽然归属于社会治理的大范畴，但前者对社会治理的型塑作用是在一个动态的历史过程中逐渐得以显现的。

第三节　理　论　视　角

一、治理与善治

社会治理是 20 世纪末兴起的一种政治社会思潮，它以治理理念代替统治理念，一改传统的国家权威统治和自上而下的权力运作方式，强调国家与社会组织的广泛合作、上下互动，通过合作、协商、确立认同与共同目标、建立伙伴关系来实施对公共事务的管理，维护正常的社会秩序。所以，社会治理是一种全新的管理过程和管理方式，从主张、方法层面看，治理理论对创新社会治理具有重要指导意义。

根据治理理论，现代社会秩序的稳定与维护力量并不仅仅来自传统的政治权威与权力，也来自日益壮大的第三部门领域，而且，治理的概念已经远远超出了统治的内涵，包括了管理与服务的双重意蕴。当前中国社会治理创新将形成"党委领导、政府负责、社会协同、公众参与、法治保障"的社会治理体制，这与治理理论强调政社的分工与协作是基本一致的。

从治理和善治的视角出发，我国社会创新治理的关键落脚点就是要构建政社的良好关系。治理和善治是一种新型的现代治理模式，治理是与传统有着本质不同的一种政治管理过程。"第一，治理强调的是政府和社会的多元合作，治理的主体是多元的，而政府只是治理的权威之一，公共机构和私人机构都可以成为治理的主体。"[①] 因此我们可以认为治理是一种民主形式，是与以往完全依靠政府的权威统治不同的持续的多方互动形式。"第二，治理是一个上下互动的管理过程，主要方式包括合作、协商、伙伴关系、确立认同和共同目标等。"[②] 可见，治理是一个协调的过程，在这个过程中，政府和社会都参与进来，并在社会行动

---

① 格里·斯托克：《作为理论的治理：五个论点》，载于《国际社会科学杂志（中文版）》1999 年第 1 期，第 19～30 页。
② 李冬梅：《治理与善治：地方政府公信力研究》，山东大学硕士学位论文，2010 年，第 8 页。

中不断发挥越来越重要的作用。综合来看，多元、协同是治理理论的核心要素。

善治是我们国家在社区治理中追求的终极目标，这需要有强大的群众基础，也需要政府和社会来共同参与到社会治理中。中共中央、国务院 2017 年印发了《关于加强和完善城乡社区治理的意见》，提出要以基层党组织建设为关键，政府治理为主导，居民需求为导向，改革创新为动力，健全体系、整合资源、增强能力，完善城乡社区治理体制，努力把城乡社区建设成为和谐有序、共建共享的幸福家园。国家再次把社会治理提升到了国家层面来研究。

本书在善治与治理的理论指导下，探讨了由政府和社会组织等多个治理主体来共同参与社区公共事务，以期促进社会公平正义，实现人民群众民生福祉的最大化。在善治治理的模式中，我们不仅要强调治理主体的多元性，还要强调治理主体之间权利的对等性，因为只有对等的权利才可以实现社会各个主体之间的协调、均衡。因此本书认为，要实现社区的有效治理，社区组织、政府和社区居民应从善治的角度出发来共同参与社区建设。

二、政社关系理论

随着社会治理的日益复杂化，传统的政府一元主体治理和碎片化治理已不能适应现代社会治理的需要。中国已经转变为一个多元化的社会，社会结构的剧烈变动要求创新社会治理以适应变化了的社会环境。因此，党和政府在创新社会治理时应该遵循"坚持系统治理，加强党委领导，发挥政府主导作用，鼓励和支持社会各方面参与，实现政府治理和社会自我调节、居民自治良性互动"的原则。[①] 这就要求在社会治理创新中积极构建政府和社会新型关系，这种新型关系是由改革以来国家和社会关系的深刻变化所决定的，在其中社会力量迅速崛起，并成为政府的合作对象，是新型政社关系的最大特点。在这种新型政社关系中，对于涉及自身利益的社会事务，社会上的各种主体包括政府、社会组织、居民、社区组织、企业等，可以借助沟通、协商达成统一行动，保障社区多元协同治理，维持社会的正常运行。

现有文献为我国当前政社关系的转型重构提供了五种研究和解释的视角：市场化、"市民社会"、法团主义、国家与社会相融合、分类控制。本书认为，我国政社关系是国家社会相融合的关系，国家从开始放权和让渡空间，到逐步赋予社会组织以更大的权益，这是一个逐渐过渡的程度。但是这个过程并不意味着国家控制社会的能力削弱，国家反而可以借助这些社会中介力量，使权力运行得以优

---

① 《中共中央关于全面深化改革若干重大问题的决定》，载于《人民日报》2013 年 11 月 16 日。

化并将居民需求更好地加以整合。① 美国学者帕特南指出，"通过社会资本的发生和滋养，社会组织会不断活跃成长，这将推动公共部门的良性运转"②。这表明国家和社会是相互渗透的，并不是单纯的社会依靠政府和政府掌控着社会，而是一种共生的关系。日本学者菱田雅晴借助生物学领域的两个概念"共生"和"两栖"剖析和阐释了国家与社会间的模糊关系：一方面，中国在经济领域全面改革，国家对社会领域的逐步放权也使得非国家领域不断发展；另一方面，中国特殊的体制仍然具有不可动摇的主导作用，这导致国家行政权威与社会力量的结合。③ 可见不少学者持中国政社关系呈现融合状况的观点。

党的十八届三中全会开启了全面深化改革的新时期。创新社会治理的提出丰富了社会建设的内涵，是全面深化改革时期社会建设理论的新发展，为社会组织提供公共服务、参与社会治理扫清了障碍，也对处在社会建设第一线的街道和社区如何施政和行动提出了新要求，标志着新型政社关系的重构成为基层社会治理的重要目标。具体来说，在新型的政社关系之中，政府扮演着社会组织的管理者、伙伴和契约当事人的多重角色。S街道创新社会治理的核心议题就是要处理好政府和社会的关系，改变传统政社关系的模式，开辟中国政社关系新模式。

三、福利三角理论

习近平新时代中国特色社会主义思想中的一个重要方面是"坚持在发展中保障和改善民生"。十九大报告指出，增进民生福祉是发展的根本目的。必须多谋民生之利、多解民生之忧，在发展中补齐民生短板、促进社会公平正义。可见，为民谋利、增进福祉是中国共产党和中国政府一系列治国理政新思路的重要内容，而社会治理作为党委领导下政府主责的一项系统性工程，更应将民生建设放在头等重要的位置上。

以伊瓦思为代表的福利三角理论提出者们，在借鉴罗斯的"多元福利组合"理论基础上，将罗斯认为的福利多元组合中完全不同的三方社会制度——家庭、市场和国家，分别单独构成一个社会中的福利总体的观点，演绎为家庭、市场（经济）和国家共同组成的社会福利提供的总体。伊瓦思将这一总体称为"福利三角"。福利三角理论展示了国家、市场与家庭三者的互动关系。市场（经济）

① Migdal J S, Atul K, Vivienne S（eds）. State Power and Social Forces：Domination and Transformation in the Third World［M］. New York：Cambridge University Press，1994：221 – 231.
② ［美］罗伯特·D. 帕特南：《使民主运转起来：现代意大利的公民传统》，王列、赖海榕译，江西人民出版社2001年版，第94页。
③ ［日］菱田雅晴：《现代中国の构造变动：社会—国家との共栖関系》，东京大学出版会2000年版，第28页。

提供着就业福利；个人努力、家庭保障和社区的互助是非正规福利的核心；国家透过正规的社会福利制度将社会资源进行再分配。在一定的文化、经济、社会和政治背景中，国家提供的社会福利和家庭提供的家庭福利可以分担社会成员在遭遇市场失败和个体失能时需要承担的后果。

当前，我国处于社会转型加速期，单位福利趋于隐退，激烈的市场竞争产生了更多的个体需要面对的社会风险。借鉴福利三角理论，本书认为：需要强化政府的社会治理和公共服务职能；推进社区建设，完善基层治理与服务的制度体系与主体网络；健全社会组织，引导其良性发展，进一步增强它们的服务功能；强调企业的社会责任和对个体的社会保护；倡导家庭的互助功能和个人的自助功能。作为社会治理的重要内容。这些方面工作的开展还必须诉诸社会工作这一力量，社会工作通过整合各种正式和非正式、制度化和非制度化的资源来解决个体、家庭、社区乃至社会的问题，同时也强调将人放置于社会环境和系统中，关注人类行为与社会环境的关系。

福利三角理论解释了人类社会福利和资源配置的多元视角，将该理论运用于对社会治理创新的阐释说明，社会治理也是以人和人的需求为根本落脚点。S街道在推进社会治理体制机制的改革创新过程中，比较明显地体现了该理论的诸多原理，即社会治理应更关怀弱势人群、治理主体多元化、"寓管理于服务"，以及大力发展专业社会工作、志愿服务，着重培育和发展社区中介组织，这为今后我国社会治理创新确定了更加明确的方向。

第四节　已有的研究基础

一、有关当前社会治理创新的研究

社会治理创新是在治国理政思想基础上的升华，是确保社会安定有序的重要环节。党的十八届三中全会通过的《中共中央关于全面深化改革若干重大问题的决定》（以下简称《决定》）指出："紧紧围绕更好保障和改善民生、促进社会公平正义、深化社会体制改革，改革收入分配制度，促进共同富裕，推进社会领域制度创新，推进基本公共服务均等化，加快形成科学有效的社会治理机制，确保社会既充满活力又和谐有序。"[①] 这是党在十八大提出"五位一体"建设后，对

---

① 习近平：《关于〈中共中央关于全面深化改革若干重大问题的决定〉的说明》，引自《〈中共中央关于全面深化改革若干重大问题的决定〉辅导读本》，人民出版社2013年版，第67页。

社会建设的又一重要战略部署，也是中国共产党深化社会治理创新的重要安排。

目前大多数学者认为治理指的是不同利益主体围绕它们共同的事情而进行的协商，并在共识基础上采取的配合性的共同管理的活动，① 所以治理是由不同治理主体协同展开来实现目标的过程。利益不同是多元主体参与协商的前提，在这种意义上，多元主体的治理就不是组织或系统内部的、以权力为基础的分工，而是相对独立的利益主体的互动和共事过程。② 这说明多元化是治理的根本性质。

党的十八届三中全会提出了"创新社会治理体制"的重大战略，是中国共产党治国理念的又一大发展。转型期我国在政治建设中不断凸显出不同的矛盾，社会治理也成为一项艰巨的任务，在当时法制还不健全的情况下，一些地方的官员独断专行，更加重了政府与民间的矛盾。为了缓解这种矛盾，决策层相应提出了社会治理创新就是要协同发展。在创新社会治理中，社区、基层政权成为学者讨论最为广泛的问题。尹志刚（2006）对北京市街道办事处管理体制改革的研究中，基于对基层社会治理创新模式成功案例的阐述，展现了基层社会治理创新的具体情况。③ 王思斌（2015）认为，社会治理创新可以推动国家治理体系和治理能力的建设发展，也可以推进社会多元主体协同治理。④ 上述两位学者的观点都十分符合当前的政策与实践。

二、有关社会动员方面的研究

在转型期，随着中国经济的发展，深刻的社会变迁也带来了一些现实中的问题，城市社区治理矛盾不断凸显，社会动员的议题越来越受到各方的关注。王巍（2009）从国家和社会的研究视角出发，提出社区治理活动既不是单纯的政府行为，也不是目标中的居民自治行为的聚合体，更不是国家和社会组织依靠美好的合作意愿建构起来的多中心管理实践的组合，而是发生在国家与社会组织相互间利益和权利的交换关系之中。⑤ 因此，除了政府的努力外，还需要动员社会组织等其他非政府的力量来加强社会建设，创新社会治理。"社会动员"一词最早由卡尔·多伊奇在《社会动员与政治发展》中提出，简明扼要地指出了社会动员从社会到人口、从宏观层面到微观层面的现代化建设的实现过程。⑥ 因此有学者也

① 俞可平：《治理与善治》，社会科学文献出版社 2000 年版，第 3 页。

②④ 王思斌：《社会工作机构在社会治理创新中的网络型服务治理》，载于《学海》2015 年第 3 期，第 47～52 页。

③ 尹志刚：《从中国大城市基层政府管理体制改革看城市管理及社会治理（下）——以北京市街道办事处管理体制改革为例》，载于《北京行政学院学报》2006 年第 6 期，第 69～71 页。

⑤ 王巍：《国家—社会分析框架在社区治理结构变迁研究中的应用》，载于《江苏社会科学》2009 年第 4 期，第 106～112 页。

⑥ K. 多伊奇：《社会动员与政治发展》，载于《美国政治科学评论》第 55 号，第 501 页

就相应地认为中国现代化建设离不开有效的社会动员，目前应加强社会动员的研究。[①] 魏静（2010）认为，社会动员具有自发性、及时性、灵活性、针对性、有效性等优势，具有政府行政动员难以达到的效果，因此社会动员是社会建设应急处理体系中不可或缺的有机组成部分，发挥着拾遗补阙作用。[②] 同样，柳建文（2005）分析了社会动员的方式不当所产生的负面作用之后，论述了适当的社会动员对于维护社会稳定、推进现代化建设的重要意义。[③] 上述研究从理论到现实、从西方到中国、从优势到后果，所涉及社会动员的系列问题值得我们深入思考。

社会动员就是一个逐渐形成公共空间的过程，使得现代社会处于个体化存在的社会成员具有相互联系并采取一些集体的行动，参与到集体行动中去，以一种集体化的组织方式来参与公共生活。具体来说，就是个体和社会组织等非政府机构通过宣传、发动和组织人民群众以及各方面的力量，从而组织起群众的有效参与或者形成群众运动的集合，通过调动各方面的积极性，依靠人民群众和社会各方面的力量，克服社会恶性运行、恢复正常社会运行秩序的行为过程与方式。[④] 但是在我国，"社会动员"的规范定义与意义一直没有明确给出，这不利于社会动员机制的规范化与法制化。在我国现行的法律法规中，仅有《突发事件应对法》使用了"社会动员"这一概念，但是该词语在我国法律条文中并非严格的法律术语。[⑤] 郑永廷、王仕民（1997）引用塞缪尔·亨廷顿对于社会动员的定义，认为社会动员是社会群众在政府以及社会组织主要因素持久的影响下，其期望、态度与价值取向等逐渐发生变化的阶段与过程。[⑥] 这一定义突出了社会动员的主观意涵，因而具有特别的价值。

在社会建设、社区治理中要实施有效而合理的社会动员，就要更加深刻全面地理解社会动员机制。吴开松（2007）将社会动员机制定义为："在社会动员的过程中，社会主体动用协调社会动员的各个影响因素，通过合理化的组合使社会成员形成持续稳定的关系并转化成一种稳固的社会组织模式。"[⑦] 吴忠民（2003）则认为，社会动员是有目的地引导群众参与社会活动的一个过程。而李增添

[①] 吴忠民：《重新发现社会动员》，载于《理论前沿》2003 年第 21 期，第 26～27 页。

[②] 魏静：《关于我国公共危机应对阶段的社会动员分析》，曲阜师范大学硕士学位论文，2010 年，第 38 页。

[③] 柳建文：《现代化进程中的适度社会动员——发展中国家实现社会稳定的重要条件》，载于《社会科学》2005 年第 1 期，第 73～78 页。

[④] 龙太江：《危机管理能否告别"动员"》，载于《邵阳学院学报（社会科学版）》2005 年第 2 期，第 31～35 页。

[⑤] 邹奕、杜洋：《"社会动员"概念的规范分析》，载于《天津行政学院学报》2013 年第 5 期，第 48～54 页。

[⑥] 王仕民、郑永廷：《现代社会条件下的社会动员与引导对策》，载于《社会科学》1997 年第 9 期，第 64～67 页。

[⑦] 吴开松：《论社会动员在构建和谐社会中的功能》，载于《中南民族大学学报（人文社科版）》2007 年第 6 期，第 87～91 页。

（2007）沿用了郑永廷教授关于社会动员的定义，认为社会动员机制是社会对群众的思想及行为的影响和宣传，并且有目的地引导他们积极参与重要社会活动的社会功能机制，因此"社会动员对社会和个人的发展具有综合的、直接的影响"[1]。从以上学者的论述内容看，社会动员的主体是政府或者政党，客体是非政治组织的内部力量（社会公众），形式是主体积极调动客体以期实现特定的目标。

三、社会治理与社会动员关系研究

1971 年，雪莉·阿恩斯坦发表《公民参与的阶梯》一文，提出了公民参与社会治理问题以及参与程度。雪莉·阿恩斯坦提供的公民参与阶梯共分三个阶段：非参与、象征性参与和真正参与。非参与的表现形式是控制和治疗，其真正目的不是让人民参与决策，而是当权者"教育"或"治疗"参与者。象征性参与的表现形式有通知、询问和安慰。在这些形式的参与中，公民可以得到信息，其呼声也可以被听到，但不能保障掌握权力的人能慎重考虑其观点。真正参与的表现形式有伙伴关系、授权和公民控制。在伙伴关系中，公民和掌权者之间通过谈判进行权力再分配；在授权和公民控制中，公民占有决策机构的大多数席位或拥有完全的管理权力。[2] 因为理性人只关注个体利益，不愿意参与到贡献于公共利益的集体行动中，因此采用社会动员方式可以在很大程度上引发公民参与社会建设、社区治理的激情和动力，解除集体社会困境。并且通过自发组织的方式，让公民自己解决急迫问题，避免过度依赖政府，[3] 这正是社会动员的真正现实意义所在。

关于动员模式，韩央迪（2010）认为，社会建设领域会直接涉及居民的日常生活，居民可以通过社区自治、行政和立法等多种渠道来直接或间接参与社区治理。而与此同时政府也从宏大的供给者演变成为购买服务的雇主，从而形成了依托社区的社区照顾政策。[4] 在具体的社会治理事项上，有研究者指出，并非公众的影响力越大，参与效果越好，而应根据参与规模和参与途径等因素选择合适的参与层次。为了支持公众对社会治理的参与，政府应当具有透明性、开放性、回

---

① 李增添：《论思想政治教育在社会动员中的作用》，载于《求实》2007 年第 3 期，第 88～89 页。

② Arnstein S R. A Ladder of Citizen Participation ［J］. Journal of the Royal Town Planning Institute，1971（4）.

③ 张振伦：《从行政主导到社会动员：新型城镇化动员机制创新》，载于《四川行政学院学报》2014 年第 3 期，第 13～17 页。

④ 韩央迪：《英美社区服务的发展模式及对我国的启示》，载于《理论与改革》2010 年第 3 期，第 24～29 页。

应性、服务性和有限性，公众参与社会治理的法治化，必须有政府治理的法治化加以配合。① 所以，全面而系统地分析社会动员机制参与社区治理、社会建设，具有宏观全局性的指导意义。关于动员类型，袁小平等（2014）通过江西的实地调研得出，当前社区建设中社会动员主要采用项目动员、自组织动员、行政动员和能人动员，② 这种归纳基本能够将当前我国基层治理中社会动员的情形归纳进去。

也有研究者认为，集体行动困境是客观存在的社会现象，而社会动员是一种典型的克服集体行动困境的方式，这种非合作的博弈下的破除集体行动困境反应在社会动员中有关度的把握、秩序是否混乱等问题上（时影，2008）。③ 奥尔森是集体行动问题的践行者，他认为，"除非一个集团中人数很少，或者除非存在强制或其他特殊手段以使个人按照他们的共同利益行事，否则有理性的、寻求自我利益的个人是不会采取行动来实现共同的或者集体的利益"④。可见社会动员是通过政府主动打破利益集团的垄断，破除公共决策与集体行动困境的组织形式，从而实现多元利益共识的达成。

还有不少研究专门就基层街道和社区在社会动员中的角色和作用展开，指出了基层社区在社会动员中的具体策略和所产生的工作机制。改革以来，城市居委会对居民的社区动员也发生了变化，出现了地方性权威式动员，在这种动员中，居委会借助政府赋予的行政权威和自身构建的地方性互动网络实现对居民参与的动员。⑤ 进而有学者指出，为了构建这个网络，居委会大多会采取多种策略，如对积极分子的发现和培养、对积极分子的生活表示关心、帮助他们解决困难和问题、对他们的合作和支持表示感激、对他们表示尊重并提供自我实现的机会等。⑥ 而相对于社区居委会，居民一方对此策略的反应却要复杂得多。正如大卫·希尔斯指出的，促使社区居民参与社区发展的重要因素是居民是否具有"义务"感，也就是说他们是否认为自己具有责任参与到社区建设中去，一旦他们拥有了这样的自我认知，他们就会积极、主动地参与社区发展的相关事务，⑦ 反之，则会陷入很多基层社区都普遍存在的"居民参与度低"老大难问题中去。

---

① 武小川：《论公众参与社会治理的法治化》，武汉大学博士学位论文，2014年，第125页。

② 袁小平、潘明东：《农村社区建设中社会动员的现状、问题与对策——来自江西省9个村的实地调查》，载于《南昌大学学报（人文社会科学版）》2016年第5期，第14~21页。

③ 时影：《论走出集体行动困境的多元协作治理机制》，中国海洋大学硕士学位论文，2008年，第10页。

④ 曼库尔·奥尔森：《集体行动的逻辑》，陈郁等译，上海人民出版社、上海三联书店1996年版，第2页。

⑤ 张晓霞：《城市居民社区参与模式及动员机制研究》，吉林大学博士学位论文，2010年，第91页。

⑥ 杨敏：《公民参与、群众参与与社区参与》，载于《社会》2005年第5期，第78~95页。

⑦ David S. Creating Good Communities and Good Societies [J]. Contemporary Sociology, 1966, 29 (1): 188 – 195.

上述一系列已有文献为本书提供了非常宝贵的基础性研究，其中很多的现实概括和理论观点，对笔者思考 S 街道社会治理创新具有非常深刻的启发意义。一是对城市社会中街道和社区层面如何持续推进社会治理创新，已有的研究提供了比较多的参考；二是对社会动员的基本原理及其在当前中国社会的运用，已有文献涉及内容也比较多；三是相对于以往政府采取的单一治理模式，已有文献对多元、协同等社会治理新趋势的阐述也是十分到位的。在此基础上，本书立足治理与善治等理论观点，将分析的重心放在 S 街道全面深化社会治理体制机制改革创新的具体实践和特色经验上，以期与已有的研究、相关的理论产生直接的对话和互动。

第二章

社会治理创新的时代议题与现实要求

第一节 社会治理创新的国家行动

社会治理创新是推进国家治理体系和治理能力现代化的重要内容。社会治理是国家治理体系的重要组成部分，因而推动社会治理创新意义重大。同时，新中国成立以来在社会治理创新中虽然也有不尽如人意的地方，但是我们取得了一次次阶段性的进步，并在社会治理创新中取得了实质性的发展。反思以往社会治理方面的问题可以得出，构建协同机制是实现社会治理创新目标的内在要求和根本途径。从中国实际看，改革开放带来了经济的迅猛发展、人民生活水平显著提高以及文化艺术的全面繁荣。但随着改革的逐步推进和社会的急剧变迁，各种社会问题与矛盾日益凸显和加剧，这个时候就凸显了社会治理创新的现实要求。与社会转型相伴随的是，改革以来中国共产党和中国政府始终将加强社会建设、创新社会治理摆在重要位置，这从多年来的一次次重要的中央文件和决议中得到了很好的体现。

党的十二届六中全会首次提出以经济建设为中心，提出了坚定不移地进行经济体制改革、坚定不移地进行政治体制改革、坚定不移地加强精神文明建设的总体布局。物质文明、政治文明、精神文明协调发展的"三位一体"布局直延续到党的十六大。党的十六届六中全会进一步提出"推动社会建设与经济建设、政治建设、文化建设协调发展"，使我国现代化建设目标从原来的"三位一体"正式扩展为"四位一体"。随着资源约束趋紧、环境污染严重、生态系统退化的形势更加严峻，党的十八大报告提出了树立尊重自然、顺应自然、保护自然的生态文明理念，在"四位一体"的基础上增加了生态文明，形成了"五位一体"的总体布局。

从"三位一体"到"四位一体"再到"五位一体"的扩展使社会治理体制具有不同于政治体制和经济体制的独特内涵。政治体制改革的目标是实现民主政

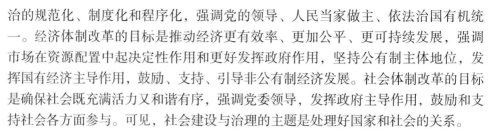

治的规范化、制度化和程序化，强调党的领导、人民当家做主、依法治国有机统一。经济体制改革的目标是推动经济更有效率、更加公平、更可持续发展，强调市场在资源配置中起决定性作用和更好发挥政府作用，坚持公有制主体地位，发挥国有经济主导作用，鼓励、支持、引导非公有制经济发展。社会体制改革的目标是确保社会既充满活力又和谐有序，强调党委领导，发挥政府主导作用，鼓励和支持社会各方面参与。可见，社会建设与治理的主题是处理好国家和社会的关系。

党的十八届三中全会公报提出，"全面深化改革的总目标是完善和发展中国特色社会主义制度，推进国家治理体系和治理能力现代化"。在国家的社会治理体制框架建构中，基层社会是重要领域，社区是基层社会领域网状治理结构的重要节点。而作为基层社会治理的重要载体与基础，社区治理创新成为推进和创新社会治理的突破口。改革开放以来，中国的经济发展速度令世人惊叹。但经济快速发展带来了快速工业化、城市化，也带来了一系列的社会问题，如贫富差距问题、失业问题、环境问题、健康问题、犯罪问题等。对于广大人民群众来说，经济高速增长到达一定阶段后，人们也越来越感受不到经济增长带来的生活提质。

党的十八届三中全会站在新的历史起点上，从国家治理的高度把社会管理提升为社会治理，不仅适应了社会转型期的要求，回应了日益严峻的现实社会治理问题，也充分彰显了国家对社会治理的高度重视。近十年来，党和政府励精图治、锐意进取、不断创新，在社会治理创新方面尤其取得了显著的进步。可见，社会治理创新不仅是时代议题也是现实要求，从国家行动方面研究我国当代地方政府治理的协同趋向，既是对我国地方政府治理的理论体系的丰富和拓展，也可对我国地方政府或者街道办事处协同治理的实践提供有益借鉴。

我国提出的新发展理念是"创新、协调、绿色、开放、共享"。共享发展要让每一位公民都有获得感，实际上，就是政府的政策要能使每一个人在经济社会发展过程中都能有参与、有获益、有奔头，进而产生幸福感。与此同时，我国新改革时期的城乡社区治理也面临一些大的变化：从单位制到社区制，从集体化到个体化，从熟人社会到半熟人社会、陌生人社会，从城乡二元格局到流动化社会。一系列全新社会形势决定了社会治理创新的必要性和紧迫性。同时，随着我国经济增长和社会转型，随着集体化和单位制的解体，一系列社会问题和矛盾也逐渐向基层下沉，于是基层的城乡社区（组织）承受了越来越繁重、越来越复杂的治理使命。以一种国家行动方式进入国家治理现代化视域的"社会治理创新"正成为转型中国"塑造社会"的一股巨大力量。

在社会治理体制机制方面，党的十六届四中全会提出了"推进社会管理体制创新"的理念，认为社会管理需要有政府、社会居民和社会组织等多方面群体多元协作参与。① 中国行政管理学会课题组将社会管理的内容分为两大部分：一是政府对有关社会事务进行规范和制约，即政府社会管理，它是政府通过整合社会资源、动员社会力量依法对社会事务实施的组织化活动；二是社会（即自治组织、非营利组织和公民）依据一定的规章制度和道德约束、规范和制约自身的行为，即社会自我管理和社会自治管理。② 在此理念影响下，党和政府也开始提出要构建"政府主导、多方参与"的社会管理格局。③

党的十八届三中全会在《中共中央关于全面深化改革若干重大问题的决定》中提出"完善和发展中国特色社会主义制度，推进国家治理体系和治理能力现代化"，首次正式将"治理"的概念纳入执政党治国理政的语境中，提出要"创新社会治理"。在本次会议报告中，"治理"一词出现频率高达 24 次，实现了从社会管理到社会治理的跃迁。④ 自提出"创新社会治理体制"以来，国家对社会治理创新的重视度日益上升。我国目前处于全面深化改革的发展新时代，而社会创新治理为保障和改善民生、促进社会公平正义提供了一条切实可行的发展之路。

之后的党的十八届四中全会主要强调的是创新社会治理的方式，提出要依法治国，实现科学立法、公正司法、严格执法、全民守法，共同促进国家治理体系和治理能力现代化。⑤ 党的十八届五中全会主要强调的是社会治理的体制，并在激发社会活力、创新社会治理能力、防范化解社会矛盾方面都有明确要求，并强调指出，要让更多的社会治理主体参与到社会治理中，发挥各个主体的作用。在"十三五"开局之年，《中华人民共和国国民经济和社会发展第十三个五年规划纲要（2016—2020）》中更加强调加强和创新社会治理体系，并从提升政府治理能力和水平、增强社区服务功能、发挥社会组织作用、增强社会自我调节功能、完善公众参与机制和保障化解矛盾几大方面着手。⑥ 这表明，创新社会治理已经成为涉及国家治理诸多方面的关键性工程。

社会治理现代化既是中国特色社会主义进入新时期之际提出的新命题，也是全面建设社会主义现代化的一个重要方面。党的十九大报告提出我国已经进入了中国特色社会主义新时代，我国社会的主要矛盾已经转化为人民日益增长的美好生活需要同不平衡不充分发展的矛盾。我国社会矛盾的变化是关乎全局的历史性

①③　丁元竹：《社会管理发展的历史和国际视角》，载于《国家行政学院学报》2011 年第 6 期，第 42~46 页。

②　中国行政管理学会课题组：《加快我国社会管理和公共服务改革的研究报告》，载于《中国行政管理》2005 年第 5 期，第 10~15 页。

④　严敏：《国家治理现代化进程中的社会治理创新策略：社会政策的行动框架》，载于《广西社会主义学院学报》2014 年第 5 期，第 5~9 页。

⑤　孙国文：《从社会管理到社会治理的嬗变》，南京师范大学硕士学位论文，2016 年，第 12 页。

⑥　《中华人民共和国国民经济和社会发展第十三个五年规划纲要》，载于《领导决策信息》2016 年第 12 期，第 64~66 页

变化，对党和国家的社会治理和社会建设提出了许多新要求。

党的十九大报告提出的习近平新时期中国特色社会主义思想的基本方略几乎都涉及民生建设和社会治理。其一，中国共产党要坚持在发展中保障和改善民生，增进民生福祉是发展的根本目的。其二，全面实施全民参保计划，按照兜底线、织密网、建机制的要求，全面建成覆盖全民、城乡统筹、权责清晰、保障适度、可持续的多层次社会保障体系。其三，加强和创新社会治理，打造共建共治共享的社会治理格局，维护社会和谐稳定。总的来说，随着社会主义市场经济体制的不断完善，我国社会治理的理念在逐步明晰，实践在不断探索，体系在日益完善，为形成有中国特色的社会治理体系奠定了坚实基础，为推进国家治理体系和治理能力现代化提供了重要支撑。

第二节　我国社会动员的历史变迁

社会动员作为中国现代化建设和转型期社会建设中一个主要的治理术，同样也发生了深刻而巨大的历史变迁，在农业合作化、"大跃进"、改革开放初期和当前转型加速期具有不同的阶段性意义。社会动员是中国共产党建设社会主义、发展社会主义、完善社会主义的重要法宝。譬如，党在社会主义建设初期采用政治动员的方式来大力宣传党的思想，通过"大跃进"运动，让人民群众广泛参加到社会主义建设中去，那个时候的社会动员就是充分运用政治权力，通过政治宣传和灌输实现社会目标，[①] 具有明显的历史阶段性特征。本节即是通过对这几大阶段的分析，为当前和今后的社会动员找寻历史线索。

一、农业合作化时期

新中国成立后，对于推动由新民主主义社会向社会主义社会的过渡，农业合作化运动起到了重要的作用。从 1952 年底全面完成土改，再到 1956 年底基本实现农业合作化，这几年里，我国经济社会发生了翻天覆地的变化。我们考察农村的经济和土地制度以及政治发展的变化形势不难发现，这次巨大的转变是在一个极短的时间内完成的，这不仅是中国共产党大规模改造农村经济社会制度的重大实践，同时也为我国城市资本主义工商业的改造与新中国工业化体系的建立创造

---

① 吴开松：《论社会动员在构建和谐社会中的功能》，载于《中南民族大学学报（人文社会科学版）》2007 年第 6 期，第 87～91 页。

了根本条件。因此，新中国成立初期农业合作化运动的社会动员对我国当时社会制度变革以及政权的巩固具有极强的正向意义。

这种大规模的社会动员之所以能够实现，而且以各种丰富的形式展开，正是因为在新中国成立后我国深入农村，建立了严密的政权网络，通过高效有力的大幅度宣传，并充分利用处于弱势地位的农民对土地的生存依赖，利用了农村基层政权组织中处于从属地位的农民对国家的政治依附，还在于国家对农村社会稀缺资源的有效调控与深入展开的激烈的阶级斗争。"在动员中强化宣传和行政的外力作用，采用暗示、规劝、举报、惩罚的组织型动员，用崇高的政治理想和口号作为思想动员教育群众的武器"①，中国共产党借助合适的社会动员技巧，很快就将农业合作化运动全面推向高潮。

刘一皋（1999）分析了社会动员体制在新中国成立后的形成与变迁，他认为，社会动员应该是贯穿于国家整个行政过程中的行为方式，而不是应急或者临时性的手段。新中国成立以来一直在探索着大规模的而且适合每个阶段的社会动员的参与体制，"群众运动式的社会动员形式，由于其具有全能性，一经形成便很难改变，总会以其惯性有意或无意地表现出来"②，这种社会动员体制反过来也作为一种政治参与的手段推动社会发展，并对社会发展趋势产生重要乃至决定性的影响。

二、"大跃进"期间

"大跃进"运动是一场盲目追求经济建设高指标为基本特征的群众运动。在"大跃进"期间，党和团组织运用社会动员的工作方式，调动广大共青团员积极参与"大跃进"运动，助推了轰轰烈烈的"大跃进"运动的发展。在"大跃进"中，我国大致采用以下四种形式的社会动员：其一，采用层级式运作的模式，从中央到地方自上而下动员，层层响应最终完成动员目标；其二，采用宣传动员的模式，运用各类宣传手段对已设定好的目标进行宣传，最终完成动员目标任务；其三，采用回忆、对比动员的模式，从情感上对被动员者进行感化，通过回忆、对比使被动员者产生共鸣；其四，采用竞赛动员的模式，从竞赛动员的组织体系、宣传教育的内容和形式等维度，努力还原那时共青团组织竞赛动员的全过程。③ 这四类形式的概括具有重要的参考价值。

---

① 张宏卿、肖文燕：《查田运动与中央苏区民众动员》，载于《江汉大学学报》2008 年第 5 期，第 107~112 页。

② 刘一皋：《社会动员形式的历史反视》，载于《战略与管理》1999 年第 4 期，第 82~89 页。

③ 陈建明：《大跃进时期中国共产党社会动员组织机制研究——以福建共青团组织为例》，福建师范大学硕士学位论文，2016 年，第 47 页

此外，许东雪（2012）认为在当时特定的背景下，社会动员影响广泛、规模巨大并且具有多样性，同时他客观分析了那一时期的社会动员具有的正反两个方面的作用。① 而付帅（2016）则认为，作为一种社会动员而非单纯的文化或文艺运动的"大跃进"，盲目追求经济的高指标，但却能把人民群众全部动员起来，离不开它的广泛宣传，还和扫盲活动相结合，并在意识形态上形成了严密的动员网络。② 可见"大跃进"时期的社会动员是一种政治形式的并且影响十分广泛的治理手段，但是"左"的思想和个人崇拜最终将美好的愿望引入了极端。

"大跃进"运动的社会动员就是通过传媒、文艺、政策动员和典型示范等方式，迅速而广泛地在全国传播，使得广大人民群众开始逐渐意识到"大跃进"不仅可以使我国的经济更上一层楼，人民生活水平也能进一步提高，于是便对"大跃进"产生了强烈的心理认同。就这样，人民群众的创造性和积极性被调动了起来，在宣传和示范下，人民群众全部参与到"大跃进"运动之中。从这方面来看，当时社会动员可以迅速凝聚广泛的社会力量，极大增强社会的向心力和凝聚力，进而产生明显的动员效果。

但在"大跃进"过程中社会动员被错误的决策所借用，使它对当时的社会产生了复杂而深远的影响。③ 其实，社会动员本身并没有对错之分，如果在一个正确的思想指导下，那么社会动员在我国的社会建设进程中可以合理而积极地得以发展。但是倘若被一种消极的思想或者是像"大跃进"这样"左"的思想利用，势必会对当时的社会造成诸多负面影响。这就是社会动员对公众参与的发动效应所存在的两面性问题，必须永远引以为戒。

三、改革开放以来

党的十一届三中全会后，随着经济社会体制全面改革，我国发生了翻天覆地的变化，家庭联产承包责任制逐渐确立起来，基层群众自治制度也开始登上历史舞台。邓小平在总结社会主义建设时期社会动员的经验教训时指出，一定要避免搞规模巨大的群众运动，通过媒体制造出正确的舆论导向，从而引导社会公众，这便是改革开放以来探索出的社会动员新形式。④ 从国际经验分析，"现代化社会的阶层结构形态，一般是中间大两头小的橄榄形结构，也就是拥有社会资源很

---

①③ 许东雪：《"大跃进"时期中国共产党的社会动员研究》，曲阜师范大学硕士学位论文，2012年，第15页。

② 付帅：《1958年的新民歌运动与"大跃进"初期的社会动员》，山东大学硕士学位论文，2016年，第24页。

④ 郑时雨：《改革开放以来中国共产党的社会动员有效性分析》，中共中央党校研究生院硕士学位论文，2015年，第19页。

多、社会地位很高的阶层和拥有社会资源很少、社会地位很低的阶层的规模都很小，而拥有较多的社会资源，足以过上小康生活乃至更高水平生活的社会中间阶层占大多数"①。因此在这样的社会转型背景下，我国的新型社会动员没有选择传统的广泛开展的基层群众运动方式，而是更倾向从协商共治的角度，引导中间阶层的公民更加理性地参与公共事务。

随着社会主义现代化的不断建设与发展，我们的利益分配结构也发生了深刻的变革。资源占有与分配不均匀导致矛盾与冲突在不断加剧。此外，公民参与公共事务的意识与能力不断得到增强，进而社会自治能力不断得到加强，这一阶段社会动员有三个特点："一是以利益诱导为社会动员的主要方式，兼顾社会公平主义；二是坚持依法治国，利用法律法规来规范党的动员行为；三是'对社会动员'向'由社会动员'发展。"② 在全新发展理念指导下，国家坚持走民主协商和可持续发展道路。在引入互联网媒体等新时代动员方式的条件下，社会动员开始增添了越来越多的公民参与，"网络参政日渐成为民众关心国家政治的首要途径，形成了新时期社会动员的新突破"③，线上线下互动式动员方式愈发明显。

第三节　地方政府创新社会治理的政策要求

党的十八届三中全会提出全面深化改革总目标是完善和发展中国特色社会主义制度，推进国家治理体系和治理能力现代化。习近平总书记在"2014 年 2 月省部级主要领导干部专题研讨班"上也提到国家治理能力现代化包含制定政策和执行政策的能力。在新的发展阶段，互联网技术已经覆盖我们社会生活的方方面面，成为驱动创新的"新引擎"，国务院 2015 年出台的《关于积极推进"互联网＋"行动的指导意见》指出，"互联网＋"成为经济社会创新发展的重要驱动力量。因此，"互联网＋治理创新"也就成为各方关注的议题，同时也为推进社会治理现代化提供了契机。例如，在我国经济快速发展、社区治理面临的问题日益复杂的背景下，依托互联网技术的"智慧城市"和网络化治理，成为推动新型城镇化、发展完善创新社会治理的重要举措。

因此可以说，要实现党的十八大提出的总目标，推进党的十九大提出的"打造共建共治共享社会治理格局"的历史战略，S 街道党委和办事处必须坚持走群

---

① 陆学艺：《改革开放三十年来中国社会结构的变迁》，人民论坛，http://theory.rmlt.com.cn/2014/0109/213831.shtml。

② 郑时雨：《改革开放以来中国共产党的社会动员有效性分析》，中共中央党校研究生院硕士学位论文，2015 年，第 19 页。

③ 王雅楠：《改革开放以来中国的政治动员研究》，华东理工大学硕士学位论文，2011 年，第 34 页。

众路线，全面深化社会治理体制机制的改革创新。原因如下：一是全面深化改革的需要。全面深化改革的终极动力源自人民群众日益增长的对美好生活的追求，最终落脚点也是人民群众对美好生活的追求。二是适应国家治理体系和治理能力现代化的需要，让全面深化社会治理改革创新成为国家治理体系和治理能力现代化的一大支撑，让 S 经验成为无数社会治理"中国经验"的一环。三是适应首都全面协调可持续发展的需要。北京作为首都，S 街道所在朝阳区作为北京重要的工业基地、外事活动区及经济发展区，要把社会治理政策、首都功能定位、基本公共服务、群众路线以及民生民情等方面协调起来，把党的领导、政府功能、社会作用、民众参与融为一体，从而推动整个城市全面协调可持续发展。而党的领导、推动民众参与想融合，就是在尊重民众意愿的前提下，转变工作方式和社会治理方式，走出一条创新社会治理体制机制的新路子。所以说，全面深化改革、不断创新社会治理的体制机制，使之符合社会发展变化的要求，是时代的需要。

党的十八大以来，北京市深入贯彻落实党的政策精神和中央决策部署，通过积极开展群众路线，加强政府的主导作用，同时扩大社会居民群众的参与度，激发社会活力，维护社会公正公平，努力构建形成政府领导、社区自我治理和居民自我调节、政府和居民良性互动的创新社会治理格局。具体来说北京市采取了以下措施：全面构建"全响应"网格化社会服务管理体系，在精细化治理方面有所作为；构建"枢纽型"社会组织工作体系，激发社会组织活力，为社会中介力量的发展添砖加瓦；构建社会动员新机制，坚持党的群众路线，创新社会治理，要建立在动员社会多元主体广泛参与社会治理的基础之上；构建社会矛盾调解机制，将公共安全摆在重要位置；创新公共服务供给模式和构建社区自治机制等。[①]这些举措的扎实推进为 S 街道社会治理创新明确了工作方向，提供了可操作的示范。

需要重点说明的是，近年来北京市在推动社会治理创新实践中，逐渐开始向多元化的社会治理模式迈进，试图在政府和社会中寻求平衡点，紧紧围绕全面建设小康社会总目标，牢牢把握最大限度激发社会活力、最大限度增加和谐因素的总要求，适应建设中国特色世界城市的新形势，开创具有时代特征、中国特色、首都特点的社会治理新局面。

此外，近年来北京市基层社会治理体制的改革实践具有以下几方面成果：强化了资源动员机制，有效整合各类社会资源；加强弱势群体间的交流与互助，减

---

① 薄谊萍：《坚持党的群众路线与创新社会治理——以北京市西城区为例》，载于《理论与改革》2015 年第 5 期，第 40~43 页。

少了社会排斥现象；丰富居民的日常生活，提高居民生活质量；扩大社会参与范围，维护公民基本权益等。

如果北京推进社会治理创新的众多举措为S街道相关工作开展提供了示范，那么朝阳区的社会治理创新实践则更为直接地为S街道的社会治理创新提供了方法。近年来，朝阳区全面落实《关于加强和改进城市社区居民委员会建设工作的意见》，完善创新社区治理模式，构建以政府为核心、以社区组织为载体、以社区服务站为依托、以社会企业为补充、居民广泛参与的创新现代社区治理格局。通过打造社区透明化，提升社区民主自治功能，按照政府负责、社会主营、公众参与、群众得实惠的原则，解决好地区居民最为关切的民生问题，完善社区议事协商会议、居务公开制度、民主听证和居民会议，推进居民会议常态化。以民生需求为导向，以满足群众合理诉求为目标，丰富和深化具有朝阳区特色的社会治理制度和形式。尤其是朝阳区近年来推进的"社区创享计划"值得大书一笔。

社区创享计划既能缓解社区的矛盾，又能推动社区居民自治，还能培育孵化出社区组织。朝阳区大力推动社区创享计划的目标就是改变过往社区问题都靠政府解决的单一渠道思维。在具体操作上，由朝阳区政府和街道共同出资，通过项目化运作动员社区居民从社区共性需求和挖掘身边资源出发，将社区问题变成提案，提出解决办法并付诸实施。社区创享计划的运作对多方面都具有积极效果，它不仅能有效满足社区居民的需求，也能满足街道和社区工作发展的需求，更能满足朝阳区社会治理不断创新发展的需求。尤其对居民而言，社区创享计划是社区充分了解社情民意、让社区居民参与到社区建设中的一项重要举措，这种方式有效激发了居民参与社区治理的积极性，促使居民成为社区治理的重要主体之一。例如，通过开展"居民提案大赛"等活动，在进行社区建设提案的过程当中，不仅能够吸纳居民的创意，同时也是培养社区建设骨干力量的方式。

总的来说，近年来北京市和朝阳区在推进社会治理创新上积极发动社会多元力量，结合政府和社会力量的优势所在，运用多种创新形式，建构了多元治理主体互相配合、协同发展、共促共进的社区治理格局，为S街道全面深化社会治理体制机制改革创新提供了很好的模板。其中的很多举措和办法在S街道近年的治理实践中都被采用，并且取得了很好的实效。例如，S街道经过长期发展和探索，形成了社会动员中心、社区创享计划的居民提案大赛、社区志愿服务队伍建设、城市管理等个性化的融合机制等特色项目，结合多元主体各自的优势，政府、社区居民、社会组织、社区街道以及社会单位借助沟通、协商直至达成统一行动意志，以此对社区进行多元协同治理，维系社区的正常运行和发展。

第四节　S街道推进社会治理创新的综合评估

为全面掌握S街道居民服务需求、把脉地区社会治理创新动向，我们受街道办动员科委托实施了"S街道社会治理创新综合调查"的评估活动。整个调查采用面对面填答问卷的形式，覆盖了辖区的全部12个社区，数据量大且具有很强的代表性。此次评估调查结果，一方面为全面分析S街道社会治理创新的合理性、实效性提供了客观扎实的数据支撑，另一方面也为提出基层社会治理创新未来发展政策建议明确了现实的基础与条件。

一、S街道社区调查对象的基本特征

在调查对象中，被调查的女性居民居多，男性居民较少，性别比例失衡。调查数据显示，被调查者共934名，得到有效样本893例。其中，女性有550名，占61.6%，男性有343名，仅占38.4%（见图2-1）。

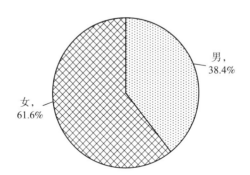

图2-1　调查对象的性别构成

从年龄构成上看，有效样本817例，被调查者的年龄范围是18~87岁，平均年龄约为59岁。从年龄段来看，61~87岁的老年人比重最大，占全体调查样本的一半以上。这可能是因为受调查时间的影响，但也在一定程度上说明S社区的人口老龄化较为严重。对被调查者的年龄和性别交叉分析发现，51~60岁和61~87岁这两个年龄段的性别比较大。可以推测造成这一结果的原因一是男性的退休年限较迟，二是男性的身体状况较差（见表2-1）。

表 2 - 1　　　　　　　　　　年龄—性别列联表

		年龄段					合计
		18～30 岁	31～40 岁	41～50 岁	51～60 岁	61～87 岁	
性别	男	20	25	37	57	171	310
	女	27	46	48	115	271	507
合计		47	71	85	172	442	817

　　从被调查居民的婚姻状况来看，已婚居民占大多数。调查数据显示，已婚居民占调查对象的78.3%，未婚和丧偶者分别占8.3%和8.7%，离异者只有4.8%（见图2-2）。可以推测大多数居民的婚姻家庭状况较为稳定，但在社区工作中应对离异家庭尤其是儿童的心理状况给予适当关注。

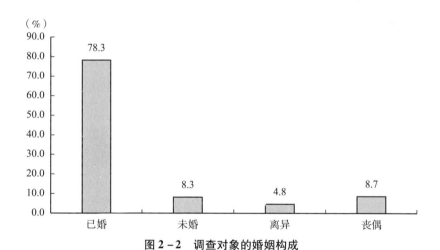

图 2 - 2　调查对象的婚姻构成

注：因四舍五入，各项百分比之和可能不为100%。后面不再一一说明。

　　从被调查居民的学历来看，被调查居民学历整体水平较高。调查结果显示，28.3%的居民学历在本科及以上，30.8%的居民学历为大专毕业，超过调查对象的一半。只有41.0%的居民学历在高中及以下。其中居民以大专学历为主，所占比重达到30.8%（见图2-3）。一般而言，学历较高、所受的现代教育较多，个人的现代化程度较高，对于社区治理和社工服务的认同度也较高。所以，高学历居民比重高是在S街道开展社区治理和服务的一项有利条件。

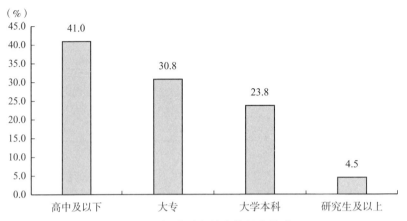

图 2-3　调查对象的文化程度构成

从被调查者的住宅楼层来看，居住在高层住宅的居民最多。调查数据所示，有 54.1% 的被调查居民居住在 6 层以上的高层住宅中，有 40.6% 的居民居住在 6 层以下住宅中，仅有 5.3% 的居民住在平房中（见图 2-4）。通过与年龄段的交叉分析可以发现，居住在高层住宅的老年人占这一人群的一半以上。

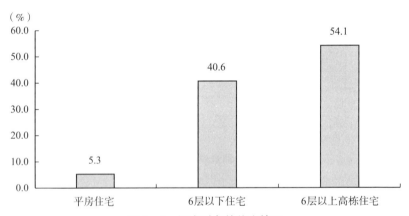

图 2-4　调查对象的住宅情况

从就业状况来看，被调查居民中离退休人员占大多数。其中，69.5% 的居民离退休，23.6% 的居民处于就业状态，失业居民占 3.2%，有 3.8% 的居民认为无法定义自己的就业状态（见图 2-5）。一般来说，离退休人员中空巢老人较多，子女大多独立生活，遇到困难时身边缺少有力的帮手。此外，大多数人在离退休后因为生活方式、生活规律的变化，会出现心理及生理上的不适应。

通过交叉分析可以发现，在离退休人员中有 54.3% 的居民居住于 6 层以上的高层住宅中。一般来说，居住于高层住宅中的老年人因行动不便而难以开展室外活动，对身心健康十分不利。因此在社区治理和社工服务方面，需要给予适当的心理干预和关注。

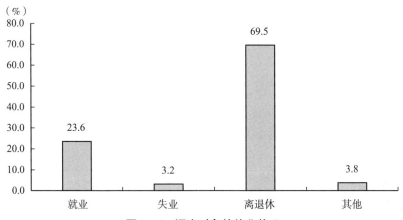

图2-5 调查对象的就业状况

从收入状况来看，大部分居民属于中低收入水平，对社工服务需求较大。调查数据显示，只有25.4%的被调查者的月收入在4500元以上，54.9%的被调查者月收入在3000~4500元，还有19.7%的被调查者月收入不足3000元（见图2-6）。一般而言，处于这一收入水平的居民基础消费支出占消费支出总额的比重较大，更需要社工及社会组织提供的服务，需要完善的家庭政策和福利政策环境。

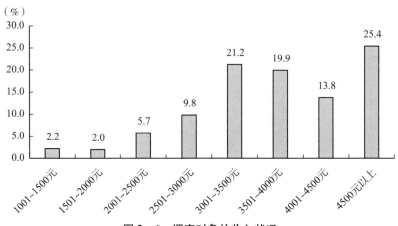

图2-6 调查对象的收入状况

从被调查居民在本社区的居住时间来看，一半以上的调查对象都是十年以上的"老住户"，居住时间较长。调查数据显示，有54.6%的居民已经在所在的社区居住了10年以上，有19.2%的居民在此居住了7~10年，还有15.4%的居民在自己的社区居住了4~6年，居住了1~3年和不足1年的居民仅有8.2%和2.6%（见图2-7）。一般来说，"老住户"对社区的感情较深，对社区生活的感受体会也较多，对社区治理创新也会较为积极。

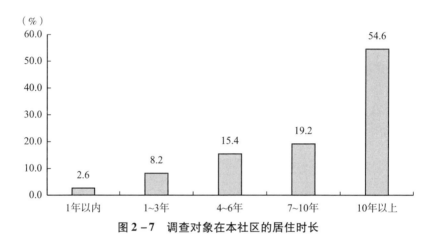

图2-7 调查对象在本社区的居住时长

从家庭人数上看，绝大部分家庭是父母与孩子组成的核心家庭。调查数据显示，有76.7%的家庭有1~4人，其中3人家庭最多，占27.4%，2人家庭和4人家庭占比分别为22.3%及22.2%，1人家庭仅占4.8%。还有16.4%的家庭有5口人，只有6.9%是6口人以上的大家庭（见图2-8）。

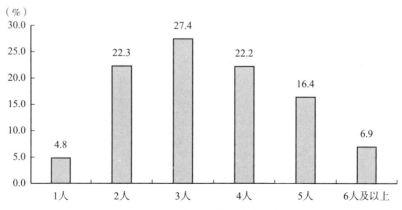

图2-8 调查对象的家庭人口数

从家中60岁以上的老年人数来看，所有家庭都至少有1位老人。其中家中有1位老人的家庭有32.9%，大部分的家庭有2位老人，占到59.3%，还有7.8%的家庭有3位及以上的老人（见图2-9）。这说明家庭和社区的养老负担较重。

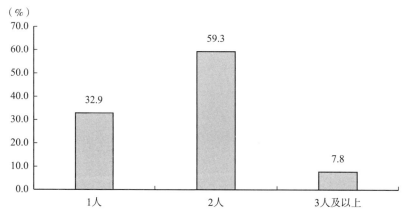

图2-9 调查对象家中60岁以上老人人口数

在儿童数量方面，绝大部分被访者家庭中有1名儿童。数据显示，有1名16岁以下儿童的家庭占到73.5%，21.5%的家庭有2名儿童，还有5.0%的家庭有3名及以上的儿童（见图2-10）。

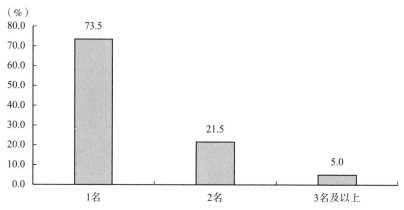

图2-10 调查对象家中16岁以下儿童数

二、社区居民对社区治理和服务的评价

调查数据显示，家政维修和医疗保健是居民生活最常遇到的困难，分别占到30.7%和28.9%。其他的困难还有收入就业（15.4%）、儿童教育（11.1%）、

文艺娱乐（5.1%）、邻里关系（3.8%）以及一些其他的问题（5.1%）（见图2－11）。通过数据观察可以发现，这些日常生活困难与被调查者的人口学特征有所联系。例如，家政维修大多数老年人力不能及，并且对于老年人来说较为危险，医疗保健是老年人急需的社区服务，所以在以后的社区服务工作中应注意向这两个方向倾斜。

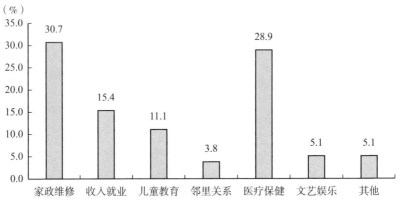

图2－11　调查对象日常生活中的主要困难

从被调查者对于目前生活状况的评价来看，满意和比较满意的占大多数。调查数据显示，比较满意的居民占大多数（53.3%），有23.9%的居民对目前的生活状况满意，还有19.3%的居民对目前的生活状况感到一般，而不满意（比较不满意、非常不满意）的居民共占3.1%。另外还有0.4%的居民表示说不清（见图2－12）。

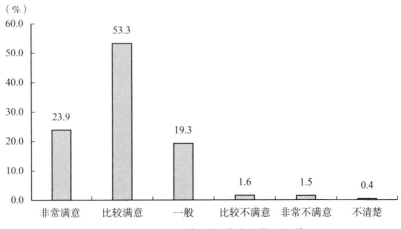

图2－12　调查对象对目前生活状况评价

对于 S 街道动员服务中心，大多数的被访者都有所了解。通过数据可以看到，完全不了解的被调查居民占 18.8%。而过半的被访者对服务中心有所了解，其中 31.9% 的被访者表示有一些了解，32.3% 的居民比较了解。还有 17.0% 的居民表示很了解服务中心（见图 2-13）。

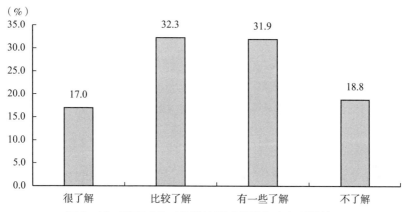

图 2-13　调查对象对街道社区动员服务中心了解情况

有将近半数的被访居民在日常生活中接受过社会组织或社工提供的服务。数据显示，有 48.6% 的被访居民接受过服务，而 45.0% 的居民表示听说过但没有接受过，还有 6.4% 的居民表示既没听说过也没接受过（见图 2-14）。

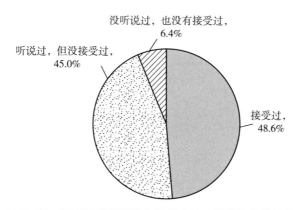

图 2-14　调查对象接受社会组织或社工提供服务的情况

从社工服务的专业程度来看，超过一半的居民认为社会组织或社工提供的服务非常专业，专业程度认可度较高。调查数据表明，有 53.9% 的居民认为社工提供的服务非常专业，26.3%的被访居民认为服务比较专业，表示不太专业和非常不专业的被调查对象占到9.7%和0.4%，此外还有9.7%的居民表示不清楚（见图2－15）。通过交叉分析发现，50.4%和43.1%接受过服务的受访者表示服务非常专业或比较专业，而在认为服务不太专业的被访者中，听说过没接受过服务的被访者占了75.6%。这说明社会组织或社工提供的服务实际效果较好，但是还没有在居民心中树立可依靠信赖的形象。

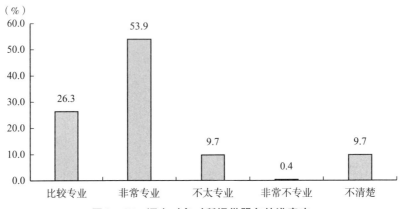

图2－15　调查对象对所提供服务的满意度

超过一半的被调查者遇到困难会求助于社会组织或社工。数据显示，有61.3%的调查对象选择会求助社工，20.3%的调查对象不会求助于社工，另外还有18.4%的调查对象表示说不清（见图2－16）。通过交叉分析发现，当遇到困难时，有83.1%接受过服务的居民会选择求助于社工或社会组织。而在选择不会求助的被访者中，有76.0%是听说过没接受过服务的居民。

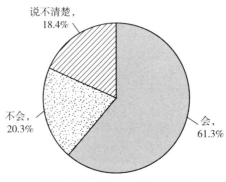

图2－16　是否会求助于社工

从被调查居民对 S 街道市容环境的满意程度来看，大部分居民对当前的市容环境表示满意。数据显示，有 23.4% 的居民表示对市容环境非常满意，50.0% 的居民表示对市容环境比较满意，认为现在市容环境一般的居民占 19.2%。对市容环境比较不满意、非常不满意的居民有 4.8%。此外，还有 2.6% 的居民表示不清楚（见图 2 −17）。就此而言，在社区治理服务工作中社区市容环境整治的满意度较高，较有成效。

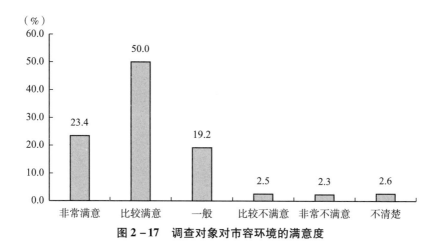

图 2 −17　调查对象对市容环境的满意度

从居民认为社会组织和社工工作的不足来看，缺乏活动场地和活动经费不足是两个突出的问题。从数据来看，活动经费不足和缺乏活动场地两项中选择"是"的居民将近半数（44.2%、48.0%），其他问题按反映程度排序分别是服务内容少（23.2%）、居民参与度低（18.3%）、服务人群单一（11.3%）、工作人员素质差（4.9%）、服务力度和质量差（3.0%）（见表 2 −2 和图 2 −18）。

表 2 −2　　　　　　　　　　调查对象对社区工作的评价　　　　　　　　　单位：%

	工作人员素质差	活动经费不足	缺乏活动场地	居民参与度低	服务内容少	服务人群单一	服务力度和质量差	其他
是	4.9	44.2	48.0	18.3	23.2	11.3	3.0	3.7
否	95.1	55.8	52.0	81.7	76.8	88.7	97.0	96.3

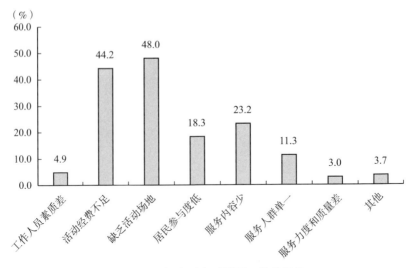

图 2 - 18　调查对象对社区工作的评价

三、社区治理与服务项目的使用情况

如图 2 - 19 所示，S 街道的服务项目使用率普遍较高。具体百分比如表 2 - 3 所示。

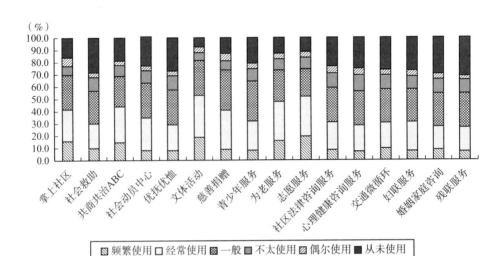

图 2 - 19　调查对象社区服务项目的使用情况

表2-3 调查对象服务项目使用情况

单位：%

使用频率	掌上社区	社会救助	共商共治ABC	社会动员中心	优抚优恤	文体活动	慈善捐赠	青少年服务	为老服务	志愿服务	社区法律咨询服务	心理健康咨询服务	交通微循环	妇联服务	婚姻家庭咨询	残联服务
频繁使用	15.7	9.9	14.6	8.1	7.9	18.8	8.8	8.0	15.9	19.4	8.2	6.9	9.5	7.3	8.5	7.0
经常使用	25.9	20.3	29.3	26.7	21.2	34.1	32.0	23.9	31.8	32.4	22.6	21.3	21.0	23.7	18.8	19.6
一般	28.1	26.6	24.7	28.4	28.4	28.5	32.7	32.6	25.8	22.6	28.1	27.8	27.2	26.6	27.0	27.8
不常使用	7.2	11.1	9.0	10.0	11.6	6.4	7.6	10.2	9.0	9.3	11.8	13.3	11.8	10.6	11.6	10.9
偶尔使用	7.1	3.8	3.7	4.0	3.8	4.6	6.1	4.5	4.6	4.7	5.8	5.4	4.2	4.8	4.5	3.4
从未使用	16.0	28.4	18.80	23.8	27.2	7.5	12.8	20.9	13.0	11.6	23.4	25.3	26.4	26.9	29.7	31.4

从细分来看，"掌上社区"的居民普及度和使用度相对较高，但仍存在提升空间。首先，从普及度上看，有超过80%的居民使用过"掌上社区"，这说明普及度较高，但仍有16.0%的居民表示从未使用过，仍需进一步普及。其次，从使用度上看，40%以上的居民使用频率很高，近30%的居民使用频率一般，因此可以说"掌上社区"的使用度还是比较高的。

"共商共治ABC"和"社会动员中心"的使用情况与掌上社区的情况类似，居民使用度和普及度都比较高，同时，从未使用的居民数量也占据相当比例，尤其是"社区动员中心"。在接下来的普及和宣传工作中，可集中了解未使用群体的共性特征和需求，有针对性地让更多的居民使用这些社区服务项目。

从图2-19可以看出，社区居民参与文体活动的程度最高，90%以上的居民参与过文体活动项目，半数以上的居民使用频率非常高，这说明，文体活动项目在社区居民中的接受度、普及度和使用度均较高，居民对文体项目的参与热情明显。

经常使用与较少或完全不使用交通微循环的居民占比相当，均占40%以上，出现了一定程度的分化。频繁使用的居民占比约10%，而完全不使用的居民占比30%左右，这说明，总体上，交通微循环还需要进一步提升。

从图2-20可以看出，对于社区提供的不同类型的咨询服务项目，即婚姻家庭咨询服务、心理健康咨询服务和社区法律咨询服务，居民使用人数比呈现出基本相同的分布情况。使用频率较高的占30%左右，接近半数的居民很少或基本不使用这些咨询服务，其中未使用婚姻家庭咨询的人数比重明显较高。出现这种现象，一方面可能是因为居民遇到类似问题比较少，因此服务需求少，另一方面是由于对社区资源利用不够。当然，具体原因需要进一步探究。

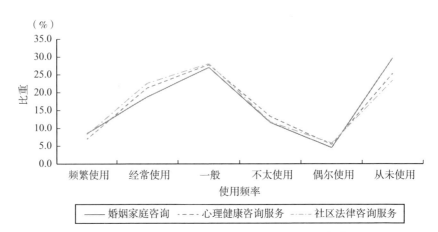

图2-20 不同类型咨询服务项目的使用比重分布情况

接下来我们可以看一下针对不同群体的服务项目的使用情况，在 S 街道的社区治理与服务项目中，针对个别群体的服务项目主要有青少年服务、为老服务、妇联服务和残联服务。为了发现四者之间的差异和共性，我们同样进行比较分析。

从图 2-21 可以看出，整体来看，首先，四类群体服务项目的使用频率分布情况是类似的；其次，服务使用频次高的比重均占比 50% 以上，这说明使用度还是比较高的。而通过纵向对比我们也不难发现，频繁使用和经常使用为老服务的比重明显高于其他服务，使用青少年服务的比重相对也比较高；而从未使用服务的比重，从为老服务、青少年服务、妇联服务到残联服务依次增高。由此可以看出，对于不同群体服务项目的使用，S 街道主要集中在为老服务和青少年服务中，其中为老服务项目尤其明显，残联和妇联服务的使用度则相对较低。这可能是因为老年和青少年服务的需求较大。在接下来的发展中，该类服务项目可能还会有提升的空间。

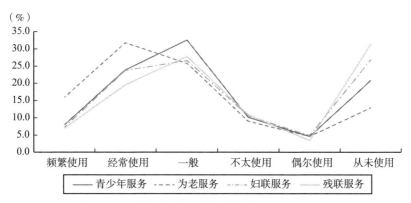

图 2-21　不同群体服务项目的使用者比重分布情况

而社区服务项目中针对弱势群体的帮扶和志愿服务类项目，如优抚优恤、慈善捐助、志愿服务和社会救助，居民使用度均较高，其中志愿服务和慈善捐助项目的高使用度特征尤其明显。优抚优恤和社会救助项目的使用度也比较高，但从未使用的居民也占据一定比例。总体来说，S 街道治理和服务项目在困难群体的帮助和服务等方面，居民的参与度较高，居民的社区帮扶资源利用意识比较高，这对于社区的平衡发展共同进步是有积极作用的。

四、社区治理与服务项目的居民参与情况

居民是社区治理和服务项目的主要参与主体，其参与项目的积极程度是项目评估的重要标准之一。我们将 S 街道居民参与的所有项目进行可视化处理。

首先，从图 2 - 22 中可以看出，所有项目的居民参与度都比较高，参与过服务项目的人数比重基本都超过 80%，"频繁参与"和"经常参与"的比重之和基本都在 30% 以上，并且大多数项目"从未参加"的人数比重低于 20%。这说明居民对于社区的治理服务项目参与热情相对较高，社区主人翁意识较强。

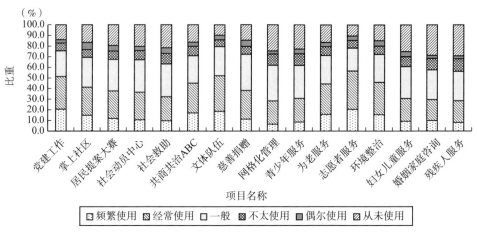

图 2 - 22　社区服务项目的居民参与情况

其次，由图 2 - 22 可知，比较而言，居民对志愿者队伍、文体活动、党建工作、环境整治、慈善捐赠的参与度更高，其中，志愿者队伍的参与表现得尤为明显。由图 2 - 23 也可以看到，大多数的居民认为社区志愿服务对于改善居民生活是有用的。这些都可以表明，社区居民对于社区的公共建设和维护、公共事务的参与和社会责任的承担均持积极参与的态度，居民的社区公共意识和社会意识比较强。

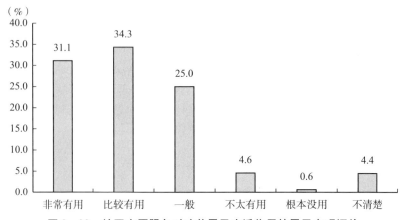

图 2 - 23　社区志愿服务对改善居民生活作用的居民主观评价

此外，社区居民在残疾人服务、婚姻家庭咨询和网格化管理方面较少参与或者从未参与的比例相对较高，这与本章第一节对于使用情况的理解是一致的。而与本章第一节分析有所不同的是，妇女儿童服务、青少年服务项目从未参与的比重较高，而在本章第一节中我们可以看到，青少年项目的使用程度是比较高的，这可能是因为青少年服务的专业化要求比较高。

从图 2-22 还可以看出，"一般"参与程度的比重都比较高，因此可以说，社区治理和服务的各个项目还需要进一步动员社区居民，让更多的人参与到社会治理和服务中来。

五、社区治理与服务项目的满意度评价

社区居民对于社区治理和服务的所有项目满意度都比较高。"非常满意"的人数占比基本都在 20% 左右，对于大多数项目，明确表示满意的人数占到总人数的一半或者一半以上。"不太满意"和"很不满意"的人数比重都低于 10%。总体而言，从居民对于服务项目的正面评价我们可以看出，S 街道的治理和服务项目得到了服务对象——社区居民的认可和肯定，收到了较好的效果。

值得注意的是，在满意度调查中发现，有一定比重的社区居民对于项目的主观评价态度为"不清楚"，态度不明确可能是因为对于社区的项目内容不明确，或者对于项目的使用度和参与度比较低。社区在下一步的工作计划中，如本章第一节所述，可有针对性地进行宣传和服务，使更多的社区居民成为社区治理和服务项目的参与者、使用者和受益者。

从项目本身来看，从图 2-24 中可以发现，居民对于党建工作、文体活动、志愿服务的满意度是相对最高的，尤其是党建工作，这可能与社区的治理模式有关，由本章第二节也可以看到，居民对于党建工作的参与度也很高，形成了高使用度、高参与度和高满意度的良性循环。

相反，社区的心理健康咨询服务、婚姻家庭咨询、残联业务、社区法律咨询和妇联业务的社区服务满意度则相对较低。结合本章第一节和第二节对于使用度和满意度的分析，我们不难发现，居民对这些服务的参与少，资源利用度低，自然满意度不高。因此，社区在咨询服务项目上，需要向更多的社区居民普及，让更多的居民意识到这些社区资源的重要性，并学会利用和参与这些项目，从而实现上文提到的良性循环。

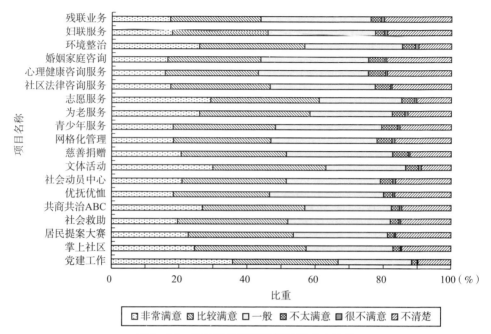

图 2-24　社区服务项目的居民满意度情况

六、居民对社区治理和服务的建议

社区治理与服务需要不断创新，对此，居民存在不同的态度。如图 2-25 所示，从正面态度来看，超过 30% 以上的居民认为社区治理与服务项目的创新有利于整合社区资源、强化政府的责任、提高社会组织的专业化水平和改进社区服务，这说明居民对于项目的创新持积极态度。但也有近 30% 的居民表示担心搞形式、走过场，无法将"创新"落到实处，无法真正实现社区治理和服务的创新和发展。此外，也有部分居民担心享受不到服务、担心没什么效果。居民的这些担心要求社区在项目创新的过程中要实事求是、脚踏实地，需要将创新落实到居民中，让居民参与，让居民受益，实现真正的创新。

此外，对于社区的建设，居民提出了一些建议，主要集中在以下几个方面：首先，在基础设施建设方面，居民希望能够"安装电梯、摄像头、报箱"等，以提高生活便利度；其次，希望能为社区居民建设更多的社区娱乐设施；再次，在社区环境方面，希望能加大社区环境治理力度，美化社区环境；最后，在社区服务方面，希望对于老年人的服务能更加细化，加强养老服务。

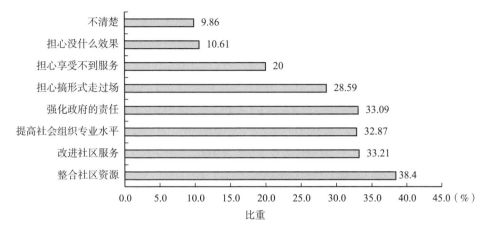

图 2-25 居民对"社区治理与服务"项目创新的看法情况

第三章

规范化治理：S 街道社会治理
政策创新

政策创新是驱动社会治理创新的重要动力。对于一个国家来说，社会治理需要法治化、需要法治保障，宪法、法律和各类政策法规都能承担此种功能；然而对于地方基层来说，能够紧跟社会治理时代发展，以政策创新驱动社会治理创新，就直接体现了当地的主动性。本章基于 S 街道辖区居民的需求，通过梳理街道近年来推动社会治理创新一系列政策的精神内涵，进一步概括其政策的导向和目标，并最终希望总结其在社会治理政策创新方面的可贵经验。

第一节　S 街道社会治理创新的现状分析

一、S 街道辖区居民的现实需求分析

S 街道于 1949 年建街，位于北京市朝阳区东南部，东起东四环，南至劲松大街和广渠路，西至东二环，北至通惠河，辖区面积 5.08 平方公里。目前下辖12 个社区，辖区总人口 142820 人。S 街道属于 CBD 商务生活服务功能区、文化创意产业延伸区、城市升级改造建设区，同时也是连通首都核心区与市副中心的重要廊道。

经过多年的科学规划和建设，S 街道经济服务手段不断创新，发展结构逐步优化，发展水平稳步上升。在社区治理方面，创新开展党政群共商共治工程，深入推进社会动员，社区自治能力显著增强。实施再就业援助，民生事业稳步推进，综合治理有序进行，社会稳定成效突出。

S 街道是一个有着 60 年历史的老街道，辖区内既有高档居住区和商业区，也有危改拆迁老旧区，正处于"黄金发展期"和"矛盾凸显期"并存的阶段，

面临着"三复杂"局面，给当地的社会治理带来了挑战。一是辖区人群结构复杂。街道居民的经济生活状况差距较大，导致个体需求多元，居民参与社会治理程度也有很大差异。二是服务环境复杂。地区社会单位行业跨度大，专业差别显著，管理理念不同，街道在充分调动社会资源履行主体责任、服务社会单位上难度始终很大。三是矛盾隐患复杂。辖区失独家庭、社区矫正对象、环境整治等治理难题涉及的关系十分复杂。

对覆盖S街道12个社区的问卷调查发现，当前的社区居民还普遍存在一些共同的需求。

第一，辖区居民人口老龄化趋势显著，养老为老服务需求很大，见第二章表2-1。

被调查者共934名，从年龄构成上看，有效样本为817例，被调查者的年龄范围是18~87岁，平均年龄约为59岁。从年龄段来看，61~87岁的老年人比重最大，占全体调查样本的一半以上。出现这种结果可能是受到调查时间的影响，但在一定程度上也说明S社区的人口老龄化较为严重。对被调查者的年龄和性别进行交叉分析发现，51~60岁和61~87岁这两个年龄段的性别比较大。推测造成这一结果的原因一是男性的退休年限较迟，二是男性的身体状况较差。

第二，部分居民家庭经济状况不是很理想，对社会工作及公共服务需求较大。

从收入状况来看，大部分居民属于中低收入水平，对社工服务需求较大。从第二章图2-6中可以看出，只有25.4%的被调查者的月收入在4500元以上，54.9%的被调查居民月收入在3000~4500元，还有19.7%的居民月收入不足3000元。一般而言，处于这一收入水平的居民基础消费支出占消费支出总额的比重越大，说明对于社工及社会组织提供服务的需求度就越大，也更加需要完善的家庭政策和福利政策环境。

第三，居民中儿童青少年人群的需求格外引人注目。如图3-1所示，从家庭人数上看，绝大部分家庭是父母与孩子组成的核心家庭。调查数据显示，有76.7%的家庭有1~4人，其中3人家庭最多，占27.4%，2人家庭和4人家庭分别占22.2%和22.3%，1人家庭仅占4.8%。还有16.4%的家庭有5口人，只有6.9%的家庭是6口人以上的大家庭。

而在儿童数量方面，图3-2显示，绝大部分被访者家庭中有1名儿童。调查数据显示，有1名16岁以下儿童的家庭占73.5%，21.5%的家庭有2名儿童，还有5%的家庭有3名及以上的儿童。

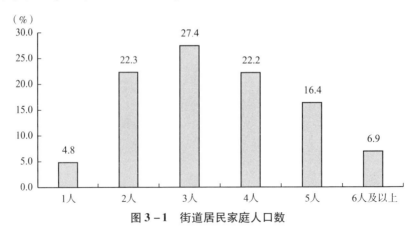

图 3 - 1　街道居民家庭人口数

（%）

图 3 - 2　街道居民家中 16 岁以下儿童数

二、S 街道社会治理创新的条件分析

居民具有的共同的需求，需要一定的公共资源条件才能实现。根据 S 街道提供的资料，以下几方面可视为街道社会治理创新的优势条件。

第一，北京战略新定位为 S 街道指明了工作方向。未来五年，北京在"四个中心"战略定位和建设"国际一流的和谐宜居之都"的指导下，必然是在"四个服务"的基础上，将首都打造成中国特色社会主义文化之都、国际活动聚集之都、高端企业总部聚集之都和世界高端人才聚集之都。S 街道经过多年发展，坐拥丰富的教育资源、可观的国际资源、多样化的文化资源和服务业的品牌化资源，还有很大的挖掘价值和成长空间。因此，今后几年如何以"四个中心"作为发展新动力，整合地区资源，开拓发展格局，制定发展战略，把握难得的历史机遇，就成为 S 街道社会治理需要考虑的主要方向。

第二，朝阳"新三区"建设为S街道社会治理提供了契机。朝阳区的发展规划中明确指出要加快形成"一廊两带三区"的功能布局。S街道在这个布局上均有涉及。广渠路作为连接首都功能核心区和市行政副中心的"都市景观与产业融合发展"廊道，需要实施五大提升工程升级发展；生态环境带和高精尖经济发展带需要提升地区生态环境和经济发展的示范带动作用；S街道既有成熟区域的建成区，也有规划待建区域，还有铁路沿线出租院等疏解提升区。上述各方面的管理与服务工作的推进，都标志着S街道今后几年社会治理将迎来快步提升期。

第三，区域内智识资源相对集聚。S街道拥有雄厚的内在智力条件。随着高档小区和商务楼宇的建成入住，辖区人口迁移、资金迁移保持平稳发展，居住人数和商业进驻数量保持渐进变化。围绕居民衣食住行而衍生的餐饮业、文化娱乐产业等商业性服务业快速发展。同时，文化创意产业也在该地区落户，各类人才不断汇集，必将给当地社会治理创新带来充分的智力支持。

三、S街道社会治理创新面临的现实挑战

首先，城市管理任务十分繁重。以往城市化进程中缺乏科学统一的规划和精准的发展定位，已造成S街道居住区和商业区搭配比例不协调，基础设施和生活配套设施承载压力大，安全隐患多、停车管理混乱、外来流动人口无序等各类大城市治理问题。同时部分住宅小区市政设施老旧。由于紧邻核心区，当地因为大量中央企事业单位和住房小区、大量高层次人才和外籍人士聚集而成为高敏感地区，工作也相对复杂。

其次，地区社会治理体系有待完善。新的发展阶段需要不断完善的治理体制和手段配套服务，S街道在提高社会治理服务创新水平上，仍然需要不断探索。在S街道，目前还存在部分新建小区业委会发展不成熟，老旧小区楼委会存在年龄结构偏大问题，治理仍主要依赖传统行政手段，街道职能科室、社区和社会组织之间工作对接不严密等一系列问题。

最后，区域统筹协调治理尚需加强。S街道所包含的多类型社区、多样化功能和多元化社会生态，给当地的社会治理统筹协调增添了不小的难度。作为CBD商务生活服务功能区、文化创意产业延伸区、城市升级改造建设区、困难群众聚集区，区域内居民需求也存在巨大的差异，给公共资源的分配带来了巨大压力。地区CBD商务生活服务功能区的定位，更突出了地区的服务性、功能性；地区高档小区与老旧小区、拆迁区并存的现状，决定了百姓的需求从基本生活需求到高层次价值追求的层出不穷。

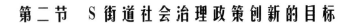

第二节 S街道社会治理政策创新的目标

面对居民的需求和现实的条件，S街道近年来主动出台了一系列政策，用政策创新驱动社会治理创新。调查资料显示，街道政策创新具有明显的目标导向，可概括为政治导向、操作原则和具体目标三个层面。

一、始终牢牢把握正确的政治思想导向

始终牢牢把握正确的政治思想导向是政策创新的灵魂。S街道在推进社会治理创新进程中，始终高举中国特色社会主义伟大旗帜，以邓小平理论、"三个代表"重要思想、科学发展观、习近平新时代中国特色社会主义思想为指导，全面贯彻党的十八大以来社会治理有关精神，紧紧围绕京津冀协同发展战略、首都"四个中心"城市战略定位和朝阳区"建设三区、建成小康"的总体目标，牢固树立和贯彻落实五大发展理念，大力推进"一路一线一环一区"建设，强化党建引领，深化社会建设、安全稳定、民生保障、城市管理、文化文明"五位一体"均衡发展，建设和谐宜居新社区，为朝阳区发展贡献力量。

坚持正确的政治思想导向，使得S街道社会治理的创新实践始终在党的领导下，这样既确保了不会出现方向性的错误，也反映出这种大的理论导向成为S街道社会治理创新的精神引领。

二、S街道社会治理政策创新的操作原则

第一，深化改革，统筹兼顾。按照朝阳区深化社会治理体制改革工作安排，近年来S街道治理的政策不断出台，紧紧围绕转变政府职能，积极推动将部分基本公共服务事项逐步向社会力量转移，想方设法激发社会参与活力，推进社会治理社会化，完善社会治理体系，提高社会治理能力。

第二，突出特点，把握重点。近几年S街道重点出台政策，深化党政群共商共治、城市综合管理和社区创享计划提案机制，通过一系列政策举措探索、建立和鼓励社区自治的资源配置机制，从而广泛动员多元主体参与社会治理，让街道、社区、居民和企业共同努力形成共建共治共享良好局面。

第三，以人为本，以文化人。S街道的社会治理政策创新，始终坚持以民生需求为导向，以满足群众合理诉求为准绳；在丰富和深化具有街道特色的社会治

理制度和形式上，尤其注重文化引领，坚持把文化建设作为社会治理的重要战略。

第四，解放思想，驱动创新。在治理举措上，S街道以思想解放驱动治理创新，先后出台的一系列政策坚决按照系统治理、依法治理、综合治理和源头治理的系列要求，通过政策创新积极探索"社会治理＋互联网"的新途径、新方式，努力实现精准有效服务群众的工作追求。

三、S街道社会治理创新的目标设定

从街道出台的已有文件来看，过去几年，S街道社会治理的具体目标在一份份政策文件中逐渐得以明晰。总结来说，S街道力图通过社会治理实现党建、民生福祉、街道体制等一系列目标。

第一，党建引领作用切实凸显。S街道社会治理始终明确党委领导、党建引领的核心要求。在政策创新上明确提出任务。一是抓规划，继续提升区域化党建水平。积极推进地区社会治理改革和规划编制工作，及时完成地区的规划编制工作，抓好任务分解、组织实施、考核反馈，确保各项重大任务落到实处。二是建平台，深化区域化党建指导中心建设。通过党建平台建设和政策创新，进一步加强对社区组织和楼宇服务站的指导，积极引导驻区单位和各类组织参与地区发展建设，切实提高区域统筹力、组织覆盖率、民商融合度。三是促学习，加大党员干部全员培训力度。街道制定专门办法，系统抓干部队伍建设，统筹做干部人事工作，进一步提高干部人事工作的专业化、精准化、程序化水平。四是严党纪，大力加强党风廉政建设。S街道在纪律、作风、制度、教育方面都强调党规党纪，以制度化推动职能部门依法行政、全面履职，营造廉洁氛围。

第二，民生保障水平大幅提升。在政策中，S街道把推进基本公共服务均等化、实现民生保障能力明显提升摆在重要位置。尤其是政策细化了如何深化党政群共商共治，从而较好地满足了民生需求，政策明确提出要把S街道建设成为就业充分、低保率降低、生活困难户大幅减少、居民群众安居乐业的民生保障工作先进街道。其中党政群共商共治政策是当地响应上级要求所推出的成效显著的治理措施。

第三，街道治理能力明显增强。S街道在社会治理领域也敢于主动改革。他们从自身找原因，并提出启动街道体制改革、社区体制改革、社会组织体制改革和社会服务体制改革的综合改革举措，目标是构建新型的政社关系，进而初步形成善治、自治、共治、德治和法治为核心的社会治理体系。S街道通过完善社会动员体系，深化"一网五中心"枢纽的整合作用，动员各类社会力量参与社会治

理，健全"社会工作者＋志愿者"运行模式，实现街道社会治理水平明显提升。

第四，城市管理精细化有序推进。对北京这样的特大城市来说，城市管理一直都是老大难问题。S街道面对错综复杂的区位、经济、文化等元素，通过政策创新进一步明确城市管理的精细化导向。一系列政策文件归结起来，主要明确了以下几件重点任务：做好环境建设重点工作，打造地区的新品牌、新地标；推进地区交通微循环治理进度，提高路网承载能力；依托网格化管理平台，实现网格内责任可循、点位追究和管理有效；开展平安建设，加强安全生产监管，做好矛盾纠纷化解。可见，街道管理精细化目标主要体现在以下方面：区域品牌上要精、网格化管理要细；改革举措上要精、服务管理上要细。

第三节　近年来S街道社会治理创新的政策探索

新的发展阶段需要不断完善的治理体制和相关配套服务。近些年来，S街道针对国家和北京市的相关要求，结合本地区社会治理发展过程中出现的问题，在六个方面进行了有益探索，丰富和深化了具有S街道特色的社会治理政策内涵。

一、创新党建政策，以党建引领社会治理

第一，提升区域化党建水平。社会治理是一项系统工程，点多面广，关键还在于党委领导。街道在《2015年工作总结》中明确提出，要注重发挥党委的指导作用，并以"四个一"（即一站、一卡、一网、一评）深入推进院街党建。"一站"方面，在百子园社区、富力社区推进YI空间工作站的全面覆盖，推动单独建站、统筹建站、联合建站三种建站模式。"一卡"方面，加大院街党建社区服务卡发卡量和覆盖面，重点深化社区服务卡公益储蓄、分级回馈等功能。"一网"方面，依托掌上移动党建平台，运用"互联网＋"创新思维开展"两学一做"学习教育，提升党员管理科学化、制度化、规范化水平。"一评"方面，深化综合评价机制，逐步形成自评、互评、众评的多维评价模式，使居民、商户等不同主体自觉担负起社会责任，促进共建共享。这一举措旨在推动党建工作覆盖到各个社区，有利于构建以党组织为核心、多元主体共同参与社会治理的党建新格局，更好地推动地区社会治理。

第二，提升干部队伍管理水平，深化党风廉政建设。干部队伍能力水平的高低与政府工作的具体开展有着较强的联系。S街道从用人、育人、考评等方面全面建设干部队伍。在用人方面，坚持正确用人导向，完善选人用人机制，科学配

备关键岗位领导干部。在育人方面，做好后备干部和年轻干部培养，并采取结对帮带等方式，科学谋划干部梯次培养。在考评方面，进一步完善干部考核考评机制，充分发挥考核的正向激励作用。此外，S街道坚持加强党风廉政宣传教育，通过组织开展各类廉政文化宣教活动、加强监督检查、加大执纪问责力度等各项措施，着力打造一支忠诚可靠、秉公执纪的干部队伍，有利于构建以社会主义核心价值观为引领、以社会公平正义为核心、以道德规范和诚信体系为基础、以公民权利保障为重点的社会行为规范体系。

第三，议事常态化，提高党政群共商共治水平。社会治理需要各方力量的参与，实现各个主体的相辅相成、相互配合。如街道依托社区居民议事厅制度建立了楼院议事会，定期召开小区议事协商会，讨论小区公共事务。在基层党组织的统筹引领下，志愿者、居民代表、社会组织、人大代表、政协委员、专家学者及新闻媒体等多方力量通过这一平台积极参与共商共治，使各方主体参与社会治理的渠道越来越多，努力实现"官意"和"民意"的互动和统一。

二、全方位政策发力，提升社区治理能力

社区作为社会治理的细胞，是社会治理现代化的基层综合服务管理单元。在工业化、城市化的大背景下，构建新型社区治理模式已成为刻不容缓的现实需求。根据S街道《2016年上半年工作总结及下半年工作计划》，街道在社区治理方面采取了下列措施。

第一，推动社区规范化建设。推动社区规范化建设，有利于整合社区的资源与信息，提高社区的服务水平。近年来，S街道以推进社会治理体系和治理能力现代化为主线，推进绿色智慧平安社区建设。根据每个小区的特点，实施拆迁区、棚户区、高档小区的分类治理，打造各个社区的亮点。健全社区便民利民服务体系，推进社区管理信息和社区服务智慧化水平，建立完善社区服务信息化网络平台，计划到2020年底实现五星级智慧社区全覆盖。可见，规范化的社区管理与服务是社会治理的"标准动作"，在S街道社会治理创新中具有至关重要的地位。

第二，促进社区自治功能发挥。构建社区协同治理机制，有利于实现政府治理和社会自我调节、居民自治良性互动。S街道近年来逐渐完善了"两委一站、居民参与、社会共建"的社区治理模式，理顺规范了"两委一站"的工作职能，扩大了社区分类治理覆盖面，强化了政府和居民自治组织协作，深化了社区居委会、小区自管会和楼委会三级自治平台建设。S街道还进一步推进了社区议事厅建设，在各个社区建设居民议事厅，使议事场所固定化。此外，依托13社区网、

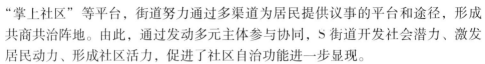

"掌上社区"等平台，街道努力通过多渠道为居民提供议事的平台和途径，形成共商共治阵地。由此，通过发动多元主体参与协同，S街道开发社会潜力、激发居民动力、形成社区活力，促进了社区自治功能进一步显现。

第三，探索社会服务体制创新。享有基本公共服务，是公民权中社会权利的实现。社会服务体系的完善与创新，旨在根据公共需求优化配置公共资源，提升社会福利水平，增强群众的安全感和幸福感，最大限度地解决民生问题，化解社会矛盾、促进社会公平。S街道目前正在加快推进社区服务体系全覆盖，并坚持以社区居民需求为导向，通过推动"一刻钟社区服务圈"建设，力争到2020年底，基本实现社区就业服务体系、社会保障服务体系、养老助残服务体系、卫生计生服务体系、文化教育体育服务体系、流动人口服务体系、安全服务体系、环境美化服务体系、便民服务体系和志愿服务体系的全覆盖。

第四，实施社工人才队伍建设。作为现代的专业助人力量，社会工作者在解决困难群体问题、增进社会和谐、促进社会公正、创新社会治理方面发挥着重要作用。为了加强社工人才队伍建设，S街道通过"动员小组"项目实施社区工作者能力提升计划，开展社工岗位、继续教育、进修、初任培训等活动，通过多层次、多形式的培训提升社会工作者的综合素质。街道的目标是优化社区工作者队伍结构，保持社工师持证率以超过3%的增速逐年递增。具体通过完善社区工作者招聘和干部选拔机制，保持社区工作者队伍的相对稳定，对工作时间较长、成绩突出的社区工作者，逐步落实好晋升和福利待遇问题。到2020年底，力争社会工作人才总数量达192人，社区工作者持证率达到40%，社工事务所专业社工持证率达到50%。S街道的政策创新说明，作为促进社会工作发展的主力军——社会工作者们的素质与能力影响着社会工作在社会治理中发挥作用的大小，对社工"人"的投入往往会产生事半功倍的实效。

三、探索新型社会动员政策

社会治理创新需要转变那种自上而下、带有强制性的管理方式，要通过上下互动、兼顾各方诉求实现政府治理和社会自我调节、居民自治良性互动的全新治理方式。党的十八大提出了"五位一体"的总布局，强调在改善民生和创新管理中加强社会建设，而社会动员是社会建设的基础。

近年来，S街道开展社会动员的组织建设、能力建设、标准建设、网络建设和体系建设"五大建设"，筹建街道社会组织联合党支部，推进京津冀社会组织协同发展，打造"爱心墙""社区淘"等公益服务品牌，探索以社会动员推动社会治理的新途径，坚持共建共享，社会动员更加广泛。

　　一是建设运行社会动员中心，构建"一网五中心"综合平台。S街道于2015年成立了社会动员中心，并制定了《S街道社会动员中心运营手册》。该手册明确提出，该中心由"一网五中心"构成，即：13社区网、区域党建指导中心、社会组织指导服务中心、家庭综合服务中心、社会单位服务中心和公益储蓄分中心。其中，区域党建指导中心发挥街道工委的引领优势，承接了街道党建动员、宣传发动、教育培训和引导建设的职能，引导社区居民、社会组织、企业参与到街道的社会动员中。社会组织指导服务中心通过项目化运作，承接社会组织服务、政府购买服务统筹、政府职能转移三大核心功能。家庭综合服务中心是面向普通家庭中老、少、危人群开发的集成服务中心，提供家庭健康教育、儿童青少年成长陪伴、危机家庭介入、困难家庭帮扶、家庭照顾者服务，组建家庭俱乐部。社会单位服务中心引进社会单位服务资源，通过举办团队能力建设、读书会等主题服务，为社会单位搭建沟通服务平台。公益储蓄分中心通过建立志愿服务回馈机制，营造"做好事、当好人、有好报"的志愿服务氛围。

　　二是加大政府购买服务力度。社会组织的培育和发展是社区治理体系中不可或缺的关键组成部分，其对于满足社区居民需求、建设服务型政府和促进社会和谐稳定有着重要的意义。政府通过出资购买社会组织所提供的服务是培育社会组织的重要途径。近年来S街道不断争取项目资金，购买市区级项目，为民服务，项目类型包含为老服务、家庭服务、社工能力提升等。S街道计划到2020年底，建立比较完善的政府购买服务制度和运行机制，形成服务效率高、运行成本低的新型基本公共服务供给体系，并计划培育一批持续性、实效性、影响力都好的项目，探索购买服务工作的长效机制。

　　三是深入推动社区创享计划。社区创享计划是朝阳区社会治理先进品牌。S街道在响应区级政策精神基础上，探索了一系列举措，深入推动社区创享计划。例如，通过培育和发展社区社会组织，开展领袖能力建设；增加居民间的互动，丰富居民文化生活；增进居民的社区参与意识，提升社区社会组织的凝聚力与归属感，促进形成社区文化；梳理社会组织结构，确立社会组织发展方向，逐步扩大社会组织规模，不断挖掘社会组织潜力，提升社区社会组织的自律和自治能力，促进社区建设，满足社区多元化服务需求。通过这些努力，让居民、想法和街道治理措施紧密连接，从而实现良好的治理和动员的效果。

四、加强综合治理政策，优化城市网格管理

　　《北京市朝阳区S街道"十三五"时期发展规划》明确提出，发展规划推动网格化管理向多功能、立体化、联动式的社区综合服务体系转型，实现机构整

合、人员整合、信息整合、流程整合，能够拓展社区服务的内容，延伸社区治理覆盖面，提升社区治理实效。近年来，S 街道加强全模式社会服务管理体系建设，依据定人、定岗、定责制度合理配置单元管理员、网格监督员和城市管家，实现单元网格人员优化配置。逐人、逐地、逐事明确管理服务工作任务，实现动态管理、实时服务，全面提升事前、事中、事后的精细化管控水平。

五、突出文化发展政策，提升精神文明水平

社会治理不仅仅是政府的行政管理，更需要居民自身具有主动参与意识，与社会形成共治共享的良好氛围。通过加强精神文明建设，满足广大群众的文化需求，社会上的各方力量对于社会治理所强调的"公平正义"等核心价值观念有更加深入的认识，这对于社会治理的可持续发展有着重要的意义。根据《北京市朝阳区 S 街道"十三五"时期发展规划》，S 街道在提升精神文明水平方面采取了下列政策举措。

第一，加大文化服务供给，完善公共文化服务体系。S 街道对各社区资源进行整合，扩大文化设施面积，增加设备，挖掘公共区域居民活动场所，拓展居民文化活动空间。深化"街道微春晚""九龙京剧社""生肖设计大赛"等品牌活动影响力，满足居民高层次多元化需求。在此基础上，S 街道还实施文化惠民工程，推进以楼门文化、邻里文化、小区文化为核心的家园文化建设，营造良好的社会文化文明生态。计划到 2020 年底，建成覆盖全辖区、便捷高效、保基本、促公平的公共文化服务体系。

第二，大力发展文化产业、加大文化队伍建设。S 街道结合京津冀协同发展规划，挖掘地区文化发展资源，发挥中央商务区后花园优势，大力发展文化产业，重点打造二十二院街艺术区，举办"井象"艺术节，吸引艺术类产业、人才入驻，扶持影视、传媒、娱乐企业拓展业务，打造精品亮点文化品牌，提升文化竞争力。以发展文化产业为契机，街道还加大文化队伍建设，具体举措有：筹建街道文体协会来统筹地区文体工作，积极推行文化志愿者招募活动，挖掘社会资源服务社区文化活动，建立社区文化人才储备，重点培养文体骨干。

第三，持续推进区域精神文明建设。S 街道围绕社会主义核心价值体系，突出党员和党组织在文化文明建设过程中的示范引领作用。围绕思想道德建设、网络文明引导、社会风尚引领，着力提高当地居民的文明素质和社会文明程度。开展科普进社区活动，推广科普知识。加强公共文明引导队伍建设，提高服务水平。弘扬中华传统美德，树立时代新风，努力形成崇德向善、诚信友爱的良好社会风尚。倡导以评树德，开展道德评议活动和"最美"系列评选。依托道德讲

堂，宣讲好人好事，倡导修身律己，弘扬社会正气。坚持以规立德，开展道德领域专项教育和治理，大力推进社会诚信体系建设。

第四，大力发展志愿服务。《2016年S街道社会志愿服务工作总结》明确提出，S街道要依托志愿者服务管理信息化平台，推动建立服务需求与服务提供、受助者与志愿者匹配对接机制，努力实现志愿服务信息资源和公益回馈资源共享。一方面加强街道公益储蓄分中心建设，打造区级社区志愿服务示范站，规范社区志愿服务活动；另一方面启动志愿服务拓展计划，组织社会组织采取"社会工作者＋志愿者"的方式，与企业、机关、学校、医院等合作成立志愿服务组织，以社区为基地开展常态化的志愿服务活动。同时，全面落实志愿服务记录、星级认定、志愿服务回馈制度，通过扩大街道"幸福社区卡"受众比例，研发电子积分回馈志愿者系统，实现民商互通、共建共享。

六、健全公共安全政策，推进地区和谐稳定

社会治理的宗旨是确保人民安居乐业、社会安定有序。随着我国经济快速增长后基本温饱问题的解决和工业化、城镇化的加速，转型阶段社会矛盾容易激化，甚至成为社会矛盾。社会的稳定并不是完全没有社会矛盾和冲突，而是能在共同遵循社会秩序的前提下将社会冲突控制在合理范围内，社会矛盾在既有的矛盾纠纷解决机制下可以得到较快和合理的解决。

根据《S街道2016年下半年工作计划》，为了促进这一机制的建立，S街道在推进地区和谐稳定、防范和应对社会风险方面做出了一系列的制度安排。

第一，开展平安社区建设。S街道有计划地推进"平安示范小区""封闭楼群""社会面探头安装""防爬刺建设""门禁系统升级改造"等工程建设，实现物技防量质同行，物质防范措施点线成网，实现全时域立体化防控。此外还发动社区居委会干部、楼门组长和治安积极分子广泛开展入户口碑宣传，提高群众知晓率，扩大宣传纵深度。通过这些措施，全面提升地区群众的社会治安主体意识。

第二，打造专群结合的安全力量。S街道通过加强保安队伍、治安志愿者队伍、楼门组长队伍三支群防群治队伍建设，正在努力打造一支可靠队伍。一是逐步扩大保安队伍数量，计划5年内增至100人，有一支50人左右街道自身掌握的队伍，切实满足重点时期、重要时间节点社会面巡逻防控，重要点位定点盯守及其他应急任务需要。二是按照一级超常防控要求，广泛发动社会领域人员参与，扩大治安志愿者范围，适时组织培训，提高实时防范基本技能。三是以社区为单位，开展楼门组长实名制注册管理，依托社区搞好定期培训。

第三，深入推进信访工作规范化。信访工作是社会治理中的关键一环。S街道在推进信访工作创新上也有很多举措：一是通过完善配套硬件设施建设，优化接访环境，提升信访工作水平。二是完善街道联合接访平台，加大源头预防和化解力度。三是着力于多部门、多途径化解信访矛盾，有效提高各类信访矛盾的化解成功率。四是加强人民调解类社会组织建设，引进专业社会组织开展矛盾化解。信访工作规范化的目的就是要确保信访群众拥有表达权和知情权，也确保信访矛盾能够及时有效得到处理。

第四，强化公共安全管理。S街道坚守红线意识、底线思维，有效预防和坚决遏制安全生产死亡事故，减少人员伤亡，近年来当地安全生产状况明显好转。具体措施有：推进企业安全生产标准化达标，深化重点行业领域专项整治，推进专职安全员检查和执法监察员执法统筹调度、协同配合，加强地区应急救援联动机制建设，开展安全文化示范企业创建和安全社区创建，逐步形成地区安全生产社会化服务特色机制，深入开展地下空间打非治违和隐患排查。

第四节　S街道社会治理政策创新的经验总结

一、坚持从严治党，社会治理离不开坚实的党建基础

坚持从严治党是S街道实施社会治理常抓不懈的前提性工作，它说明了街道党委在整个地区的社会治理事务中始终起到灵魂和引领的作用，也说明了S街道社会治理政策主体的创新实践。

社会治理离不开党委的领导、支持和指引，加深党建工作无疑是为社会治理打下了坚实的根基，并在这一过程中不断明确党委在现代社会治理模式中的角色定位。通过一系列工作的开展，S街道社会领域党的建设更为深入，党组织、党的工作有效覆盖明显提高。S街道有五条商业街，且每条商业街都辐射到居民区，形成了住宅区与商业区紧密相连的现状。街道立足区域特色，探索"院街党建"新模式。街道在院街中设置党组织，统一管理党员，统一开展活动。通过采取"建、挂、联"的形式，解决了商业街党组织建设难的问题，扩大了党组织和党的工作覆盖。"院街党建"促进了民商融合，依托党政群共商共治，搭起了商户与居民互融互通共赢的桥梁。

根据社会政策相关原理，政策主体一般来说只有政府一个维度，后来很多西方学者深受第三部门兴起的影响，纷纷主张社会组织也应被纳入社会政策主体结

构的观点。但是我们认为，在中国的国情下，中国共产党是领导一切工作的灵魂，尤其是在中国特色社会主义进入新时代的全新背景下，S街道强化党委领导在社会治理中的角色和功能，体现了其社会治理政策中主体结构创新的鲜明特点。

二、坚持协商民主，促进社会治理体系更加完善

广大人民群众是社会治理的直接受益者和参与者，社区居民既是社区治理的主体也是客体，是最特殊的一个角色。S街道坚持协商民主的实践，代表了街道社会治理政策创新中积极优化政策主体结构、拓展政策客体两方面的经验。

社会治理是对人的服务和管理，涉及广大人民群众的切身利益。近年来，街道本着"以人为本"的理念，不断扩大居民参与公共事务的范围。S街道结合区域特点，进一步推进"党政群共商共治"工程，采取"问需、问计、问政、问效"四步走模式，建立街道、社区、楼门三级议事机构，稳步推进四大融合类项目，此举有效调动了居民参与积极性，打通了居民反映需求、诉说意见的渠道。

只有共商共治，才能共建共享，共商共治议事机制的成功操作反映了S街道在协商民主、广泛发动居民群众、实现社会治理政策主体结构进一步优化方面迈出了很大的步伐；同时通过广泛的协商民主、参政议事，才能真正确保为民办实事、居民得到切实的福祉，所以通过三级议事机构商讨地区公共事务，更加深入、更加细致，极大地拓展了社会治理政策面对的客体范围，实为一大政策创新。

三、坚持虚拟社会治理，运用"互联网＋"治理新思维

虚拟社会（社区）绝对是当前和今后社会治理相关政策措施必须关照到的重要领域，因此可以说，S街道运用"互联网＋"治理新思维开拓的是一大片政策"新领地"，也反映了地区社会治理政策客体得到了极大的拓展。

社会治理的形式不是一成不变的，它随着互联网时代的到来得以创新与不断发展。通过运用多种媒介，S街道致力于建设"一网、一线、一平台"，"一网"即13社区网，"一线"即社区综合服务热线，"一平台"即社区综合服务平台，从而为居民反映需求与意见搭建了多种平台。"掌上社区"微信服务号和13社区网能够给居民提供更加便捷的服务，促成更加高效的信息共享，为邻里沟通搭建了新平台。S街道还推进社区信息化建设创新，新建智慧社区14个，完成42个试点社区的"微网格"微信公众平台建设，通过互联网互动引导公众参与社区事务，在社区信息发布、居务公开、民意征集等方面发挥作用。

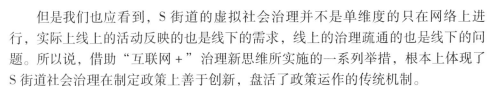

但是我们也应看到，S 街道的虚拟社会治理并不是单维度的只在网络上进行，实际上线上的活动反映的也是线下的需求，线上的治理疏通的也是线下的问题。所以说，借助"互联网＋"治理新思维所实施的一系列举措，根本上体现了S 街道社会治理在制定政策上善于创新，盘活了政策运作的传统机制。

四、坚持共建共享，带动社会动员实现最佳效果更加广泛

共建共享是一个治理的过程，但根本上是一种政策执行和实施的协调机制。S 街道共建共享的政策实施机制，也是因为其创新性而效果显著。尤其是社会动员方式的创新，将原本的自上而下单向度的政府治理方式，转变成为运用动员中心这一枢纽完成"起承转合"的良好治理方式。

社会治理的主体不仅是党和政府，还要依托各类社会力量的协同和公民参与，探索出一条基层社会动员的新途径，同时运用现代信息技术实现公众与政府、公众与社会组织、公众与公共服务之间的互联互动，最大限度地激发社会参与活力。通过加大政府购买服务力度转移政府职能，延伸社会动员手臂，团结、凝聚和整合多元社会力量参与社会建设，发挥社会治理合力。

在共建共享思路中，一方面我们应该关注"共建"，比如 S 街道在"共建"上明确了"谁来共建""如何共建"，就是地方社会治理的多元主体；另一方面我们更应该关注"共享"，"谁来共享""共享什么"成为其中的焦点问题。S 街道的经验体现在，共建的项目必须是居民通过议事反馈和表达的诉求，共享的内容因而也就是居民自身迫切需要的一系列条件。这就是说，S 街道的社会治理创新真正做到了政策创新中所要求的评估准确、需求对应，可谓特点鲜明。

综上所述，根据公共政策学基本原理，政策一般包括政策主体、政策客体、政策运行机制、政策实施机制和政策评估机制，S 街道出台的一系列社会治理相关政策措施，客观上从主体、客体、运行、实施和评估等多个环节，实现了对以往社会治理政策的全面创新。比如实施的党政群共商共治、新型社会动员、虚拟社会治理和共建共享等工作内容，在主体结构、客体范围、运行机制、实施方式和评估机制等方面，均具有明显的创新性，其经验十分值得总结和传播。

第四章

多元化治理：S街道社会治理主体创新

第一节　我国社会治理中的政社关系变迁

政府与社会的关系一直是国内外学者探讨的一个重要话题，两者的关系，归结起来，实际上就是这样一些问题，即政府和社会分别在社会生活中扮演怎样的角色、具有怎样的职能、它们的权限分别是什么，以及两者在社会运行的过程中能发挥多大的作用。良好的政社关系直接关系着社会治理的质量和层次，不同的国家在不同的历史阶段和历史条件下，形成了不同的政社关系模式。自新中国成立以来，我国的政府与社会关系也因应社会各方面条件和实际情况，发生了一系列的变化。

一、改革以前我国政社关系状况

改革开放前，我国实行计划经济体制，政府和社会的关系呈现出"大政府、小社会"的状态，政府将权力的触角延伸到社会的各个角落，整个社会生活表现出高度的整合性和统一性，而社会力量则处于绝对的弱势地位。不论是在社会意识形态还是在组织管理和人事安排上，政府的权力都处于绝对优势状态，对社会有着绝对的控制权和干预权，实现了对社会各个领域的全面垄断，而社会则完全被纳入政府的全方位管控之中。

在新中国成立初期，政府发挥强有力的指挥作用，为工业化发展提供了十分稳固的政治环境，在这种条件下，国民经济得到了很大程度上的发展，国家政权也得到了巩固，绝对的政府权威成为经济发展的催化剂。

但是很快，这种"大政府、小社会"的关系模式就无法适应社会的发展。自20世纪50年代中期开始，政府和社会的这种高度一体的格局状态慢慢出现了矛盾。社会的极度弱小，使得很多的社会力量必须依靠政府而生存，这种权力差距悬殊甚至是等级分明的关系模式，越来越不能与社会和经济发展的实际情况相适应。事实证明，绝对化的"大政府、小社会"关系模式只适用于特殊的历史时期和社会状态，当这种情境发生改变时，之前的政社关系就需要做出调整和改变。

二、改革以来我国政社关系的转型

政社关系模式真正发生质的改变，是在改革开放以后，尤其是在国家推行社会主义市场经济体制以后。随着市场在资源配置中发挥着基础性的作用，社会、政治领域的自主能力增强，传统的以行政权力为主导干预、管理社会的模式慢慢出现危机，也逐渐受到质疑。[1] 正是经济体制的这种深刻的变革，带动了原本弊端明显的绝对化"大政府、小社会"关系模式的重大变化。政府开始逐渐放权于社会，社会的力量开始逐渐强大，在社会领域中发挥着越来越大的作用。一些民间的社会组织和社会团体开始兴起，组织种类和数量都逐渐增加，成为重要的社会力量。此外，人们开始有更多的流动性与自主权，在社会生活中面临着更多更独立的选择。不论是从个人还是从社会团体方面，我们都可以看到，政府在主动地转变严格强势的权力格局，转而为社会力量提供更多的空间，给予社会更多的机遇。

这种政府逐渐放权、社会力量增势的关系状态，在 20 世纪 90 年代后表现得更加明显。当时中国被纳入全球竞争的市场体系当中，经济的发展和增长已经不能仅仅局限于在国内的历史纵向发展，而是需要和世界上的其他经济强国竞争。这种包罗万象的经济环境，更加自由开放的竞争体系，带给中国全新的机遇和挑战，也使得政府不可能一家独大，而需要市场、社会和政府各自发挥自己的力量。这就要求政府不断转变职能。也正是这样的改变，使得中国的民间力量迅速增长，并且以前所未有的高昂状态，在经济社会生活中发挥着越来越大的作用。

从政社关系的发展方面来看，中国加入 WTO 是一个重要转折点。一方面，需要鲜活的社会力量来带动社会经济的发展，激发市场活力；另一方面，在社会治理方面，政府也不再处于完全统揽的地位，政府开始将经济管理的权力逐渐下放给社会力量，这也就是第三方兴起和蓬勃的原因之一。可以看到，加入 WTO 以后，中国的社会治理体系呈现出一种全新格局，政府在发挥宏观调控作用的同时，社会也在社会治理和经济发展当中承担着重要职能。可以说，政府和社会两

---

① 唐晓光：《权力的转移——转型时期中国权力格局的变迁》，浙江人民出版社 1999 年版。

者缺一不可，中国的发展将不再只需要其中的某一方，而是需要两者协同配合。

三、新时期创新社会治理对政社关系的建构

从新中国成立一直到现在，我们可以看到，社会力量在社会发展中有着不可估量的作用，这是由中国的历史和国情所决定的。党的十八届三中全会明确将"社会管理"变成"社会治理"，这不仅仅是中国共产党对社会建设思路的变化，同时也体现了政府和社会关系的变革。

随着我国政治经济体制改革的全面深化，社会治理成为一个重要的话题，政府和社会在社会治理中的关系和互动，直接影响着社会治理的效果。学界结合西方国家和我国的历史经验，对政社关系展开论证，形成了三种代表性观点[①]：其一，在社会治理中，政府和社会地位是平等的，两者"合作治理"，是建立于政府指导社会运行基础之上的平等对话关系。[②] 其二，在社会治理当中，政府和社会是主导和参与的关系。社会治理是一种全社会的共同行为，要加强党委领导，发挥政府主导作用，鼓励和支持社会各方面参与。其三，政府和社会需要在社会治理过程中实现良性的互动，以效果为目的，强调社会治理主体的多元化，强调社会的自治，但是没有明确多元治理主体中政府与其他主体包括社会这一治理主体的关系状态。虽然三种观点在政府和社会的地位比较上存在分歧，但是，三种观点却不约而同地强调了社会力量在社会治理当中的重要作用。

中国共产党和中国政府一直高度社会治理创新，尤其是党的十八大和十八届三中全会以来，为适应全面深化改革和经济社会发展新常态的时代要求，我国的社会治理创新进入全新阶段。从我国政府和社会的几大阶段关系变化中我们可以得出这样一个结论：在我国的社会治理创新的过程中，需要发动广泛的社会力量。

第二节　S 街道社会多元治理主体的培育

一、S 街道多元治理主体的现状

S 街道社会治理积极发动多元力量，结合政府和社会力量的优势，形成了多

---

① 张康之：《社会治理中的协作与合作》，载于《社会科学研究》2008 年第 1 期，第 49～54 页。
② 陈成文、赵杏梓：《社会治理：一个概念的社会学考评及其意义》，载于《湖南师范大学社会科学学报》2014 年第 5 期，第 11～18 页。

元治理主体互相配合、协同发展、共促共进的社区治理格局。政府、社区居民、社会组织、街道社区以及社会单位，借助沟通、协商直至达成统一行动意志及其所有环节，是S街道致力于构建的多元治理新架构。经过长期发展和探索，街道业已形成了社会动员中心、社区创享计划的居民提案大赛、社区志愿服务队伍建设、城市精细化管理等个性化的融合机制，结合多元主体各自的优势，从而维系社区的良性运行和协调发展。

（一）政府

S街道社会治理依托政府的主导，在街道党工委的领导下，街道办事处承担社会治理的主要责任，通过购买服务等方式，一方面将主动性下放给社会组织等其他社会力量，另一方面也通过这种渠道，用市场化机制，为S街道的社会治理链接和提供更好的社会资源。因此，在S街道的社会治理体系中，政府更多地发挥主导作用，对其他治理主体进行引导、管理和支持。

（二）居民

居民是社会治理的主体，发挥着特殊而重要的作用。S街道很多的居民团体来源于群众，扎根于群众，具有很多得天独厚的治理优势。一方面，居民是社区治理最广泛的基础，并且居民灵活的参与，以及长期身处社区的生活体验，使其对社会治理的方案建议具有认同感和第一发言权。另一方面，社会治理的成效最终都需要落实到居民身上，因此更需要充分发挥社区居民的主观能动性。S街道通过居民提案等方法和机制，充分调动社区居民的积极性和创造性，尽可能让居民主体参与到社区的治理过程中。

（三）辖区企业

企业是社会治理的重要主体，扮演着主要的经济组织角色。它们不仅可以促进经济的发展，还可以保障居民的生活。在S街道的创新治理模式中，辖区企业在社区活动中发挥着重要的支持作用。具体来说，一方面，辖区企业在社会治理中应为构建社会和谐尽应尽的责任，比如为员工提供应有的薪酬和福利待遇，保证员工及其家庭的生活秩序，就是其基本的社会责任。另一方面，辖区企业为居民提供就业岗位，减轻社会就业压力，热心公益、慈善事业，配合政府社会治理活动，承担其应有的社会福利职能。

（四）社区

社区（组织）在社会治理中，与上级政府相辅相成，是发展基层民主和维护社区群众基本诉求的重要载体和平台。居民尤其是弱势群体对社区组织的依赖性越来越高，而社区组织在治理中的作用也越来越突出。这是因为，社区是跟居民联系最紧密的，也是最了解居民需求的，因而其在社区治理过程中处于基础性和主体性地位。此外，社区还能组织其他社会力量协同参与社区事务或者提供服务。总之，社区是将各种治理主体连接到一起的纽带，也是社区服务的主要承接对象，更需要在社区治理的过程中发挥积极能动性。

（五）社会组织

社会组织是社会治理的主要主体。社会组织作为社会力量的集中体现，具有非营利、非政府、独立性、志愿性等特点，因而具有较强的资源动员能力、整合能力、配置能力和使用能力，可以有效地促进现代社会走向善治，形成和政府之间的优势互补、良性互动，缓解政府的治理压力，弥补政府和市场机制的缺陷。与此同时，社会组织的专业化、专门化，为社区治理和社区服务提供了质量保障，尤其是在公益志愿服务、社区帮扶、社区矫正方面，社会组织都是十分重要的资源。

二、S街道多元治理主体的培育机制

S街道通过采取多种措施，形成成熟完备的多元主体培养机制，并且通过这些方式来充分发挥多种社会力量在社会治理中的作用。代表性的机制主要有社会动员中心、社区创享计划、居民提案大赛、社区志愿服务队伍建设、城市管理中心等，以下对这些机制分别进行详细介绍。

（一）社会动员中心

近年来，S街道通过打造"一网五中心"，建立社会动员中心，一方面积极调动各种社会组织等各种力量，另一方面更加高效高质量地解决社区治理难题。"一网五中心"综合平台包括13社区网、区域党建指导中心、社会组织指导服务中心、家庭综合服务中心、社会单位服务中心和公益储蓄分中心。

S街道社会动员中心（下文简称"动员中心"）成立于2015年，由朝阳区民和社会工作事务所托管运营。动员中心由"一网五中心"构成，定位于动员参与、资源统筹、能力培育、规范发展、职能承接五个功能，通过专业的社工技能、项目化的运作方式，为地区解决大事、急事、难事、好事这"四事"，不断完善社会动员体系建设，进一步增强社会治理合力。

首先，"一网"即"13社区网"，主要功能在于充分利用信息化方式，将社区虚拟化，成为街道第13个"社区"。街道充分利用电脑、手机App、微博微信公众号等多种新媒体渠道，将辖区公共资源和服务资源整合在一起，线上和线下相结合。从线上来说，社区居民可以利用网络，参与社区活动和社区管理、享受社区服务和社区资源；而线下则有多维空间，集会议、培训、交流、学习等多功能服务于一体，配有话筒、电脑、投影仪等设备，可以为社区居民提供最全面的服务。

其次，"五中心"主要是指区域化党建指导中心、社会单位服务中心、社会组织指导服务中心、公益储蓄分中心和家庭综合服务中心。

区域化党建指导中心是"一网五个中心"的统领部门，也是指导社会动员中心开展工作的"大脑"。党建指导中心发挥街道工委的引领优势，承接了街道党建动员、宣传发动、教育培训和引导建设的职能，引导社区居民、社会组织、企业参与到街道的社会动员中：结合街道提出的"院街党建"模式，建立"前店后院"党建支持，联系动员街区商户对接社区党委，助力模式建立；在街道党工委的领导下，配合全区党政群共商共治工作，引导社会组织成立联合党支部，参与地区公共事务管理；提供"三会一课"、入党宣誓仪式、党员培训和活动场所，加强地区各类党组织之间的沟通交流；对街道党建工作开展的优秀机制、模式、品牌项目进行宣传展示和推广。

社会单位服务中心主要依托地区社会建设协调委员会，是社会单位开放沟通的公共空间，承接行业互助发展、推动企业履责、促进文化建设、挖掘企业资源等动员功能；地区发生"四事"时，动员地区单位参与铲冰扫雪、应急救援等；发动辖区税源单位、商务楼宇、六小门店，推动企业自主履责、参与志愿服务；不断丰富资源库内容，引导企业提供人、财、物、技等资源；专业人员帮助楼宇中小企业开展管理培训、六小门店外来务工人员融入培训；为社会单位提供沙龙、交流、学习的场所。社会单位服务中心通过发挥辖区企业单位等的积极性和创造性，增加社区治理的创造性和活力。

社会组织指导服务中心是社会组织发展的中心，也是整个动员中心的"心脏"。该中心承接了对社会组织指导、管理、服务三大核心功能，包括对社会组织引入、志愿者培育的统筹、指导和管理；以服务对象和社会管理需求为切入点，开展项目研发；项目化管理，促进项目落地、监督项目实施、进行效果评估等；指导社区建立公益空间；动员中心日常运维管理。而对于社会组织，服务中心开展了三项基础工作和五大服务行动：一是将社区社会组织培养、枢纽型组织培育和政府购买服务项目三项基础工作做扎实；二是对社会组织服务细化为社会治理、民生服务、文化体育、便利服务和行业发展五个方面进行分类指导。社会组织指导服务中心为社区链接了专业机构、智囊团队和高校人才等社会力量，以充分发挥其对社会治理的积极作用。

公益储蓄分中心指的是朝阳区社会志愿者公益储蓄中心的分部，主要承接服务管理、资源匹配、成果展示、场地提供等功能：将志愿服务时长储蓄到朝阳区公益储蓄中心系统中；以服务换服务等方式，促进志愿服务长效化，完善志愿服务反馈机制；居民参与社会动员的成果展示；为社会组织提供合署办公的场地。通过中心这个平台，为它们固本增能，扩大服务范围。同时，助力 S 街道社会动员建设，进一步扩大动员范围覆盖到青少年、企业白领人员。通过公益储蓄分中心这个概念，将更多的社区居民、社会人群纳入社区服务的体系中，壮大社区志愿服务的力量，也增加了社区服务的多样性和优质性。

家庭综合服务中心是民和社工事务所面向普通家庭中老、少、危人群开发的集成服务中心，承接为一老一小、一残一弱等人群提供教育、关爱、救助等服务。中心运用社会工作、心理咨询、社区发展、组织培育等多元工作方法，形成个人—家庭—社区—社会"四位一体"的综合服务模式。其主要服务内容包括以下一些：一是家庭健康教育：开展亲子关系、夫妻关系、赡养关系培训；二是儿童青少年成长陪伴：组织儿童兴趣班、抗逆力提升、亲子活动；三是家庭照顾者服务；四是困难家庭帮扶；五是危机家庭介入服务。为老活动室和亲子空间为家庭综合服务项目提供更贴心和安全的场地。家庭综合服务中心主要是将社区、社会工作者、社会组织连接为一个整体，发挥"三社联动"在社区扶贫扶弱过程中的积极作用，整合资源，从而达到更好的服务效果。

综上所述，动员中心是一个统一的整体，由街道工委和办事处统领，作为一个专门动员的机构，嵌入街道、社区运行体系，引导社会单位、社会组织、社区居民参与社会动员和社会治理。它一端连接着政府，另一端连接着社会，能够把需求与资源有效对接，是一个"连接器"。从内部分工来讲，"一网五中心"既相互独立又互利互补。每个中心都有独立的管理团队和专业服务团队。但更为重要的是，当 S 街道出现多元化需求时，五个中心将调动自身所特有的资源和技能，以项目化运作为主要方式，共同对接需求、研究解决办法，使得解决问题的力量、效果和效率倍增，成为动员的"发动机"。

在实地调研中，对于 S 街道动员服务中心，大多数被访者都有所了解。通过图 4 - 1 可以看到，完全不了解的被调查居民占 18.8%。而过半的被访者对服务中心有所了解，其中 31.9% 的被访者表示有一些了解，32.3% 的被访者比较了解。还有 17.0% 的被访者表示很了解服务中心。

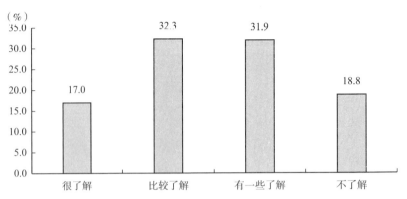

图 4 – 1　是否了解街道社区动员服务中心

这样的综合平台格局实现了交流融合、居民自治、职能转变、组织发展、难题破解等目标，构建了"线上动员与线下动员""常态性动员与应急性动员""行政化动员与社会化动员"相结合的立体动员体系，可以有效激发各社会成员的积极性、调动自身资源、形成尽可能广泛的社会联合，协调一致、通力合作、共同努力。通过有效的信息传播、充分的沟通和交流，促使各个单位和组织明确需求和目标、达成共识，从而在 S 街道探索出一条基层社会动员的新途径。

（二）社区创享计划

"创"是指创新，"享"则是指资源共享、成果共享，其目的就是要集中居民主体的创造力，实现社区治理的创新，并且将成果落实到居民身上，从而达到从群众中来、到群众中去的效果。"社区创享计划"主要是通过居民小组、居民提案大赛、居民代表大会等方式，结合党政群共商共治的思路，引导居民和社区结合实际需要，对切实存在的问题提出解决方案，由社区进行集中登记和掌握。对于这些居民的提案，社区会将其进行归类整理，并且在社区问题的解决和社区建设的过程中予以采纳和应用。S 街道的社区创享计划是于 2015～2016 年度开展试点的，项目实施过程中培育出了"帮帮队""义剪舒"等社区社会组织，培养了一批居民骨干，社区工作者项目管理能力也得到了进一步提升，社区自治活力得到了进一步激发。其中，垂东社区"帮帮队在行动"项目已被评为全区 30 个创享计划优秀项目之一。2016 年，社区创享计划在 12 个社区全面铺开，引入民和、方舟两家社会组织全程指导陪伴。

社区创享计划是社区充分了解社情民意、让社区居民参与到社区建设中的一项重要举措，能够有效激发居民参与社区治理的积极性，促使居民成为社区治理的重要主体。社区建设的提案过程，不仅能够吸纳居民的创意，同时也是培养社区建设骨干力量的方式。这一项目目前已经得到 S 街道的重视和支持，社区进一步加大了对街道社区内生居民团队的孵化和培养，促进各个参与主体的沟通和合作，培养并保持居民参与社区事务的信心，建立更加常态化的居民提案机制，来确保实现社区创享计划的深入。

总之，创享计划代表着一种新的社区治理理念，这表明只有将居民作为主要的社区治理主体，才能充分发挥居民的积极性和创造性，以满足社区的需要；也只有以动员社会广泛参与为手段，鼓励社区居民自我解决问题、自我进行社区管理，才能拓宽社区参与渠道，提高居民参与意识。

（三）社区志愿服务队伍

社区志愿服务队是致力于社区服务的自益性组织，调研了解到，S 街道的志愿服务工作围绕践行社会主义核心价值观，弘扬志愿服务精神、传递社会正能量，从加强志愿服务组织培育管理、扩大志愿服务社会参与、打造志愿服务品牌等方面开展了一系列工作，取得了较好的效果。目前，S 街道已形成了以街道志愿者协会为枢纽，志愿服务类社会组织和非公经济志愿服务组织相结合的志愿服务团队，如为老服务帮帮队、义剪舒志愿服务队、麻花事记义工队、春归义工队、一缕阳光志愿服务队、护牙卫士志愿者服务队、萌动联盟、天龙方圆志愿者服务队等。这些志愿队伍服务人员有街道居民，有企业职工，也有社会人士，目前，地区共有招募注册志愿者 10067 人，地区社会志愿服务时长累加至 464430 小时。志愿时长 100 小时以上的志愿者达到 642 人。其中一些志愿组织和志愿者个人因为出色的社区志愿服务获得了各级荣誉。街道也通过一些奖励机制，对表现优秀的志愿者进行物质和精神上的奖励。

由图 4-2 可知，相比较而言，居民对于志愿者队伍、文体活动、党建工作、环境整治、慈善捐赠的参与度更高，其中，志愿者队伍的参与表现得尤为明显。我们也可以看到，大多数居民认为社区志愿服务对于改善居民生活是有用的。这些都可以看出，社区居民对于社区的公共建设和维护、公共事务的参与和社会责任的承担均持积极参与的态度，居民的社区公共意识和社会意识比较强。

志愿服务队伍的运行主要采取了由党建领导，以公益储蓄分中心为组织方式，以社会化动员为资源发展方式，以项目化运作为志愿服务开展方式。

发展志愿服务队伍的前提是党建引领。S 街道通过实施"院街党建"新模式，实施"互联网 + 党建"建设模式，打造"幸福社区卡"项目，将居民的志愿服务活动转化为有形的志愿服务积分，构建公益空间"YI 空间"，大大提高了党员服务能力，使政务服务更具针对性和有效性，社会组织和社会动员能力明显增强，地区社会治理水平有效提升。

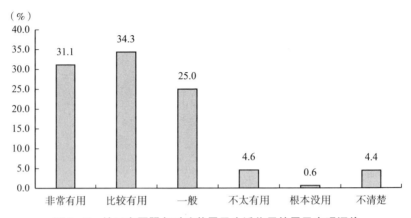

图4-2　社区志愿服务对改善居民生活作用的居民主观评价

　　S街道还依靠公益储蓄分中心建立了志愿服务回馈机制。通过记录志愿者累计服务时间，评定不同的星级志愿者，协调各方资源为志愿者提供物质、精神回馈。社区在公益储蓄网站发布公益活动、宣传公益达人，营造了"做好事、当好人、有好报"的志愿服务氛围。同时坚持志愿活动常态化，坚持每周开展各种寓教于乐的文体活动、绿色低碳的环保活动、养老助残的帮扶活动，以及倡导文明、计生宣传、精神慰藉、健康咨询、法律宣传等系列活动。

　　在社会动员上，S街道通过引进社会单位资源，做到资源共享、技术共用、流程共通、项目共研、难题共解。一是对规模以上企业、中型单位、六小门店进行分类动员。积极推动大型企业履行社会责任，为辖区特殊困难群体捐赠物资，动员平安保险、信诚集团等参与母亲节亲子营大型公益活动，提供物质、人才支持。目前，社区已经成功培育出"天龙方元"志愿服务队、一缕阳光志愿者队、瑞泰口腔护牙卫士、天使妈妈群养部落等社会组织。二是积极引导中型单位提供服务，引进优质社会资源参与到四点半课堂，如码高机器人、幼儿艺术探索等单位。三是积极动员六小门店，开展志愿者回馈、义剪、外来务工人员子女假期陪伴等服务。

　　此外，S街道采取项目化方式开展志愿服务工作，街道志愿服务示范项目共有两个，即"爱家人"家庭综合服务项目和"益起来"社区公益年计划活动项目。通过项目化运作的方式，可以整合社区的资源，实现资源的联动，建立多层次、多角度的社会服务网络系统，从而达到各种力量为一个项目添砖加瓦的效果。

　　从实际来看，社会志愿服务队伍的建设实现了S社区志愿服务形式的创新，按照"社区所需，志愿者所能"的原则，进一步丰富服务形式，充实服务内容，拓展服务领域，同时开展形式新颖、主题鲜明的学习、互助、帮困、服务等活动，并且发动驻街单位加入扶贫帮困、志愿服务居民群众的行列，形成常态化志愿服务长效工作机制。此外，志愿服务队伍建设还实现了社会资源有效循环的整合，有效调动了区域各类资源互惠共享、民商互通。

概言之，S街道社区志愿服务队伍最大的亮点在于：志愿服务的铺开范围很大，志愿项目的服务主体不仅仅是注册的社区志愿者，还联合了社区、企业、学校等社会单位，实现资源的大整合，也让更多的利益主体参与到社会治理和社区服务中，实现多元治理的集合效应。

（四）城市管理中心

S街道辖区内既有通往城市副中心的廊道广渠路，沿街有富力城、金茂府等成熟商业区，也有散布在高楼大厦背后的小街小巷。在环境整治方面，当地采取"一路两街三片"城市管理精细化模式，以实现城市管理、社会治安、社会动员融合发展为目标，对"一路两街三片"开展综合治理（其中，"一路"是广渠路，"两街"是天力街和光华北一街，"三片"是将沿线区域划分为西片、中片和东片），以加快形成"一廊两带三区"的功能布局为要求，全面提升城市管理的精细化、科学化水平。

S街道城市管理充分发动各种力量，由街道办统筹负责，城建科、城管执法队、监察科和社区办等多部门互相配合。同时试行"街长"制，将街道和社区整治的主动权下放到社会力量当中。S街道在沿广渠路的7个社区分别召开了"全民街长"专题共商共治议事协商会，整合社区、社会单位、驻区民警、包片城管队员、工商执法人员、居民6方力量，成立了10个道路自治管理委员会，即"街委会"，推选有公益情怀、有参与热情、有组织能力的社会单位代表、党员或是企业负责人担任"街长"，积极参与各项城市环境和社会治理工作。

从居民对S街道市容环境的满意程度来看，大部分居民对当前的市容环境表示满意。数据显示，有23.4%的居民表示对市容环境非常满意，50.0%的居民表示对市容环境比较满意，认为现在市容环境一般的居民占19.2%。对市容环境比较不满意、非常不满意的居民有4.8%。此外，还有2.6%的居民表示不清楚（见图4-3）。就此而言，在社区治理服务工作中社区市容环境整治的满意度较高，较有成效。

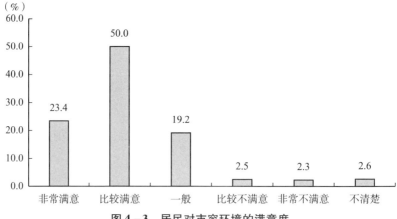

图 4-3　居民对市容环境的满意度

S 街道城市管理的多项举措重点在于广泛挖掘社会潜力，发动政府、市场和社会三方的力量形成治理合力，三大部门在彼此相对独立的情形下，立足于地区公共利益而走到一起共商共治、共建共享，这其中的统筹协调难度极大。S 街道迎难而上，使得这种"三方合治"的局面得以逐渐形成。这不仅为 S 地区的城市管理开拓了崭新的施展空间，也为当地的城市管理工作打开了新的局面，从而实现了以往城管、工商等部门单靠行政手段无法实现的效果。

第三节　多元化治理的基本逻辑和现实意义

一、多元治理的基本逻辑

政府统筹主导、社会组织协助、辖区企业配合、社区自我治理、居民广泛参与是 S 街道创新多元治理的基本思路，也是当地主体创新的基本逻辑所在。

一是政府统筹主导。随着经济社会的发展以及有关政府行政理论的演变，政府职能也在不断发生转变。在社会治理实践中，一方面，街道强调政府（街道）主导，这是因为政府的治理可以更好地获得社会资源，另一方面，街道把政府的角色定位为统筹者和引导者，而不再是主要的参与者。街道党工委和办事处虽然分别居于领导核心和工作主导地位，但街道的职能逐渐由管理向服务转变。总的来说，从 S 街道的实践来看，街道作为统筹者，主要工作是实施战略规划、提供社会资源以及进行有效监督，具体来讲，就是运用行政、财政等手段购买专业性社会服务，调动和整合更多的社会资源，为社区居民谋福利。

二是社会组织协助。社会组织的服务通常带有志愿性和公益性，并且能够提供较高质量和较强针对性的服务。街道和社区开展的部分服务活动，就是通过委托购买这些社会组织的服务而实现的。从实效来看，社会组织力量的注入，可以协助政府从有限的财力、物力和人力中抽身出来，同时也能拓展社区服务的种类，让更具专业性的组织提供服务，从而提高社区服务的质量和效果，帮助社区居民获得更好的福祉。因此，社会组织作为街道多元治理的重要组成力量，是政府力量的一种有效的补充，在社区服务中发挥着重要的作用。

三是辖区企业配合。企业是以营利为目的的，但是企业并不能脱离社会而存在，尤其是现代企业社会责任理论认为，企业在市场经济条件下，对社会负有责任和义务，它们在市场上获得经济利益的同时，也有责任为社会发展奉献自己的一份力量。所以，企业相对于其他主体，具备更高的生产力和专业化技术水平，这也是其他治理主体无法比拟的。让辖区企业参与社区的治理，一方面可以将其作为政府职能转变后的部分职能承担者，从而帮助政府更加顺利地实现职能转型，另一方面，从企业的角度来看，社区服务也是其进行文化宣传的一种方式。总之，让企业参与到社区的治理过程中，可以实现社区和企业的双赢。

四是社区自我治理。基层社区的治理主体主要还是在于社区本身，它不仅包括社区里的一些组织，比如社区志愿服务队等，还包括社区的居民主体。除了在社区当中引入社会组织、企业等其他主体力量，更多的还是要发挥社区自身的主观能动性。社区通过搭建服务平台、提供服务资源来解决居民的难题和提高居民的生活质量，而居民也通过社区提供的一些机制，参与到社区治理的过程中，为社区治理建言献策。社区与其他力量相互配合，共同促进社区的治理。总之，实现这种居民自治和自益，也是培植社区组织的一个渠道，这对于提高社区的民主化水平，实现源于社区居民而用于社区居民的自治目标，是必不可少的重要途径。

可以看到，"一个统筹、一个协助、一个配合、一个自治"，不同的服务主体在社区治理的过程中可以充分发挥自身的优势，互相补充，互相配合，互相连接，从而实现多元主体集合治理，达到整体大于局部的良好效果。

二、多元治理的现实意义

发动多种社会力量参与社区治理，对于社区、政府、社会、企业等不同的主体来讲，都有重要的积极意义，与此同时，多元治理的集合效应对于和谐社会的建设也有促进作用。

（一）对于社区的意义

社区治理需要多种力量互相合作共商共治。拥有一个具有城市居民社会生活公共利益最大化的社会管理制度体系，现有的城市最高权威机构和最基层的管理机构都被纳入这一制度体系中，并且成为重要的组成部分或者主要的合作者，是城市社区治理的本质特征。① 传统上由基层政府所主导的社区治理模式将无法解决社区存在的诸多问题，更难满足社区发展的需要，往往还会在实际管理中产生政府角色的越位与缺位现象，导致社区治理中的"政府失灵"。而市场化改革取向并不能完全适用于社区的治理实践，毕竟社区大量的公共性事务无法用经济效益来进行衡量，一味把社区推向市场，结果将会加剧社会分化，最终影响社会发展的安定有序。因此，针对不同社区的地缘特征、区域环境、发展状况和居民需求，积极培育和发展社会组织，引导专业性社会服务机构参与社区治理，将成为实现地方政府职能转变和社区建设与发展的主要内容，② 更是当前城市基层社区治理创新的必由之路。

对社区来说，多元治理有利于更好更高效地实现社区的治理和服务，更好地满足社区居民需求。随着经济社会的发展和居民生活水平的提高，居民对社区治理和服务的水平也有了更高的要求。多元治理有利于为居民提供更加美好的居住环境、更完善的社区基础设施、更丰富的文化生活、更和谐温馨的社区氛围，以及更快捷更全面更高质量的社区服务，更好地实现居民的利益。

多元治理也有利于形成内外分明的社区治理格局，提高社区治理的效率。不同的治理主体之间分工合理、相互配合，在政府的统筹之下，实现社区资源的合理利用，从而避免社区治理中政府行政主导过度、资源利用不合理、社区自治性不足等问题。这种更偏向横向的社区治理模式，也使得社区的治理更加扁平化、整体化、系统化，从而促进社区的良性协调发展。

（二）对于政府的意义

实行多元治理，是政府转变职能结构、实现简政放权的重要举措。政府通过委托、外包或者购买等方式，实现社区治理社会资源的共建共享机制，打破了传统的政府兼有社会资源掌控者和社会资源配置者的角色。此外，这种治理格局也实现了政府角色和功能定位的转变——由管理主导型向服务主导型转变。S 社区

---

① 赵孟营、王思斌：《走向善治与重建社会资本》，载于《江苏社会科学》2001 年第 4 期，第 126 ~ 130 页。

② 尹广文：《多元分化与关系重构：社会组织参与城市基层社区治理的模式研究》，载于《理论导刊》2015 年第 10 期，第 35 ~ 39 页。

的多元治理正是搭建了这样一个平台，让社会力量能够进入社区治理的范围中，并且给予这些力量充分发挥自身优势的机会和空间。"一个统筹、一个协助、一个配合、一个自治"的主体关系，意味着政府治理重心的下移，从而充分调动普通民众积极参与社会治理的热情，真正实现"民有、民治、民享"的人民当家做主的社会主义本质要求。

在一元管理体制下，政府掌握大量社会资源，但庞大的社会管理框架需要更合理的资源配置方式、更高效的管理效果，这也给政府带来了更大的压力。由此，多元治理的优势在于，不论是非营利性质的社会组织，还是企业、学校等社会单位，相比于之前的政府管理都更加具有专业性，政府将社会治理的权限下沉到这些力量上，它们就能为社区提供专业化的服务，从而提高社区治理的质量，增强社会活力，缓解政府的压力。最重要的是，对于一些专业化的、需要技术的社区治理任务，多元治理模式可以避免政府在某些方面的不足。

（三）对于企业的意义

企业是社区公共文化服务体系的一种延伸和补充，也是促进社区治理高效化、专业化的重要组成部分，将企业作为一种社区治理的主体，对于企业和社区来讲，可以达到双赢的效果。众所周知，企业是以营利为目的的治理主体，它们进行社会活动主要是以经济利益为目的的，但是现代企业社会责任理论认为，企业在经济市场上，在创造利润、对股东承担法律责任的同时，还要承担对员工、消费者、社区和环境的责任，企业的社会责任要求企业必须超越把利润作为唯一目标的传统理念，强调在生产过程中对人的价值的关注，强调对环境、消费者、社会的贡献。切实参与基层社会治理，参与社区公共文化事务，是企业积极履行社会责任的表现，是企业不可回避的责任和义务。

而企业履行社会责任，对企业也会产生正向作用。一方面，积极参与社会治理等公共事务，能够树立良好的企业形象，对于建立企业文化也具有积极作用。另一方面，企业参与到社区事务中，为企业提供了直接与消费者进行互动的机会，从市场机会的角度来看，这种互动有利于形成良好的客户关系，对于稳固以及拓展市场是具有正向作用的。

（四）对于社会的意义

多元治理对于社会的意义，最直接地体现在对社会组织的培育上。正如前面所提到的，社会组织是政府的协助力量，它的非营利性、非政府性的特点恰好可以填补政府职能转变之后让渡的公共空间。政府职能的转变，为社会组织提供了发挥作用的舞台和空间，也能为社会组织的兴起创造了巨大的空间、提供了合适的土壤；而社会组织也能以其参与的广泛性、服务的专业化、运作的灵活性较好地承担对公共事务的参与性治理。

社区和社会组织是一个共进的关系。从 S 街道的治理经验可以看到，首先，不论是社会化动员还是社会志愿服务队伍的建设，在项目开展的过程中可以引导社区居民甚至社会成员逐渐认同社会组织，从而建立起有利于社会组织发展的舆论环境。其次，社会组织在进行社区服务或者参与社区事务的过程中，可以有效探索出良好的互动关系，能够逐渐在实践中形成对社会组织的精准定位，从而赋予这些组织更开放、更明确的发展空间。最后，社会组织参与社区治理的过程，除了能为社区居民提供良好的服务、获得更好的生活体验外，从某种程度上来讲也能促进社区社会资本的培育，这也能为社会组织、社区组织的长效工作提供条件。

综上所述，多元治理是中国特色社会治理的一种创新，从 S 街道的治理效果可以看出，这种模式在社会治理中确实存在其独特的集合化优势，这也意味着多元治理将逐渐发展成为社会治理的一种思路。从宏观层面来看，实现多元治理，有利于发挥社会力量的积极效用，共同促进社会稳定，合力推进社会和谐。

第四节　本 章 小 结

本章主要通过对 S 街道多元治理实践经验的实证考察，对于其主体集合化治理模式进行了分析和探讨。随着市场化改革的深入和政府进一步简政放权，传统的政府一元管理模式已经显现出弊端，而如果单纯依靠市场的力量，则又容易导致社区资源配置的混乱，从而无法达到理想的社区治理效果。而多元化治理模式正是介于"政府失灵"和"社区失灵"之间的一种治理方式。

改革以来，我国"大政府、小社会"的社会治理格局已经发生根本变化，社会力量在社会治理的过程中，正在发挥着不可替代的作用，而未来政府和社会两者协同共进、互相配合，以实现整体大于局部的效果，已经显得势不可挡。在 S 街道的多元化治理模式当中，政府和社会的职能功能定位是明确的。政府将权力下移，通过购买服务等形式，将服务或者治理的权限让渡给社会，而社会则以其鲜明的活力和创造力，在社会治理当中，充分整合资源，发挥功能，在政府的统筹和主导下，实现良性的社会治理。

具体来说，"一个统筹、一个协助、一个配合、一个自治"说明，S 街道多元化治理中各个不同的治理主体是属于一个系统的，主体之间的关系并不是互相独立的，而是互相联系、互相配合、统一规划、协同共进的。从社会化动员中心的"一网五中心"模式到社区创享计划的居民提案，从社会志愿服务队的组织培育和项目化服务到"一路两街三片"的城市管理精细化模式，都是在政府的统筹主导下，从居民的需求出发，一方面通过居民提案等方式充分调动社区本身的积极性和创造性，另一方面积极链接社会组织、社会单位、辖区企业等社会力量，将资源进行整合，实现资源共享和成果共享。社区服务项目的社会资源调动，并不是"有什么资源就用什么资源"，而是"需要什么资源就用什么资源"，尽可能让每一种社区治理主体都能实现自身的价值。

多元治理模式对各个参与主体都具有促进作用，其发挥的整体效用对于社会和谐与社会进步具有积极意义。从政府来看，多元治理是政府转变职能、简政放权后的治理策略，既有利于促进政府角色转变和功能再定位，也有利于缓解政府行政压力，提高政府行政的效率和活力。从社区来看，多种主体参与社区的治理，有利于形成适合社区实际情况的社区治理格局，帮助社区形成更好的社区环境和社区氛围，更有效地满足社区居民的需求，提高社区治理和社区服务的效率和质量。从辖区企业来看，多元治理为企业履行社会责任提供了机会，有利于建立良好的企业形象，促进企业文化发展，同时获得良好的市场效应。对社会来讲，多元治理的模式为社会组织的孕育和孵化提供了空间和平台，通过这种方式，可以为更多新兴社会组织的产生和兴起提供重要的硬条件和软条件。而从宏观角度来看，S 街道通过这种多方共进的多元化治理模式，促进了社会和谐建设，并且为其他社区的治理提供了可借鉴的思路，具有良好的社会效用。

总而言之，从 S 街道实践可以看到，多元化社会治理不论是对各个微观主体，还是对整个社会，都具有积极正向的作用，虽然在实际的操作过程当中可能会存在一定的问题，但是这种社区治理的思路无疑具有创新性和可参考性，社会力量在社会治理过程中的作用在未来必将日益凸显。

第五章

协同化治理：S 街道社会治理机制创新

现阶段，我国社会治理存在碎片化困境，严重影响着社会治理创新的推进和治理成效的实现，而协同治理强调治理主体的相互协作，因此为解决碎片化的治理问题，在推进我国社会治理创新进程中必须注重协同化治理。S 街道在具体治理实践中，紧紧把握协同治理的内涵，结合地区具体情况，进行全域社会动员，社区两委、社会组织和社工以及社区居民通力合作，相互协助，重点打造从"三社联动"到"四社联动"的治理创新项目，此举不仅可以促进社区建设，提升社工专业技能，而且为其他地区提供了可借鉴的思路，起到了良好的示范作用。

第一节 社会治理碎片化

一、碎片化

碎片化最早出现在 20 世纪 80 年代，美国学者认为碎片化是由于政府职权划分和政府管辖权限与边界的增殖而出现在城市社区的一种复杂、棘手的治理状况。① 到现在，碎片化概念已经被广泛运用于各个学科中。从抽象意义上讲，碎片化是指一种分散的、分裂的、结构复杂的、重复的状态。碎片化时下也被运用于社会学学科，用来阐述当前我国基层社会在治理进程中遭遇的部门权责混乱和多主体割裂分散的困境，是推进社会治理创新必须解决的一大现实难题。

党的十八届三中全会明确提出了"加快形成科学有效的社会治理体制，确保社会既充满活力又和谐有序"的总体要求，并指出"要创新社会治理，提高社会治理水平，改进社会治理方式"，这为我国社会治理提供了政策支持与具体标准。

---

① 罗思东：《美国地方政府体制的"碎片化"评析》，载于《经济社会体制比较》2005 年第 4 期，第 106～110 页。

可见，社会治理创新是党和国家在新时期的一项重要战略任务。但是，创新社会治理要结合我国所处现实情况。现阶段，我国正处于社会经济转型时期，经济体制与结构、社会结构及思想价值观念都发生了翻天覆地的变化。在这些变化中也存在着诸多的社会问题与风险，社会矛盾的数量与类型日渐增多。这些矛盾、问题与风险都需要在具体的社会治理过程中予以解决。所以说，社会治理成功与否直接关系到我国社会经济转型的成败。

二、我国社会治理碎片化主要表现

有学者指出，我国的社会治理碎片化主要表现在以下几个方面：一是利益诉求碎片化。当前，我国处于社会急剧转型期，经济制度、社会结构、行为方式、人际关系等方面发生了根本性的变化。各主体由于价值观念，行为方式的多元，他们的利益诉求也呈现多元化的特征。但是，这种利益诉求结构是"碎片化的""不连贯的"，给社会治理带来了严峻的挑战。二是社会治理结构的碎片化。当前我国很多地方积极推行复合型、多元化的基层治理架构，但是由于这样的治理结构缺乏统一明确的治理主体，难以达成共识，缺乏整合不同利益群体诉求的体制机制，容易导致基层治理架构逐渐碎片化，在一定程度上加剧了矛盾与冲突。①三是治理机制的碎片化。现阶段我国缺乏统一的治理理念，一些地方存在重管理轻服务、重形式轻实效、重当前轻长远等各种问题，居民的需要没有切实得到满足，依法治理、系统治理、源头治理、民主治理的理念仍未全面树立，各地社会治理方式陈旧，有待进行进一步的创新。

三、社会治理碎片化的后果及影响

社会治理碎片化所带来的后果是多重的，主要体现在以下几个方面：第一，引发个体之间的矛盾冲突。个体处在社会急剧转型的大环境下，价值观念以及行为方式各异，个体间的利益诉求也存在着巨大差异，社会治理碎片化的一个重要表现就是各地区治理水平参差不齐，导致个体心生不满，引发矛盾与冲突，利益群体高度分化，社会交往割裂。第二，社会治理有效性降低。社会的碎片化治理产生了不良影响，治理主体之间缺乏协调合作，彼此的社会网络封闭且高度同质化，公众参与集体活动的积极性大大降低，这些都可能显著降低社会治理的有效

---

①　李强、葛天任：《社区的碎片化——对 Y 市社区建设与城市社会治理的实证研究》，载于《学术界》2013 年第 12 期，第 40～50＋306 页。

性，不仅导致治理进程停滞，而且造成资源的浪费。第三，影响社会整合。在计划经济时代，政府可以整合各种资源，将政治、经济、社会多方面整合起来形成一套完成的社会治理结构，但是社会治理的碎片化会导致整合各利益群体的体制机制缺失，难以提供普惠型的、满足多方利益的治理方案。

四、我国社会治理碎片化的原因

我国目前处于社会转型加速期，经济体制转轨，社会结构转型，社会利益格局也发生了深刻调整。在社会转型加速变革的大背景下，我国社会发展面临诸多挑战，社会治理在稳步前进的同时也出现了碎片化的问题，原因如下：

首先，社会转型导致经济制度、社会制度、人际关系以及人的行为观念都发生了深刻变革，进而产生了各阶层的利益分化，各阶层利益出现多元的状态。

其次，政府职能模糊、治理边界不清楚也是导致社会治理"碎片化"的重要原因之一。政府的各个职能部门职责不明晰，相互之间就难以协作，难以完成自己职能范围内的事情，出现推诿、越界等现象，这样就容易导致政府职责功能的碎片化。特别是现在我国正处于社会转型的关键时期，政府职能也在不断转变调整，在这样的过程中，一些政府部门的功能转变不到位，定位不清，包揽过多，不仅会影响不同部门之间的协作，也会大大影响工作的效率。

最后，社会治理缺少社会组织的参与也容易导致"碎片化"。我国现阶段各地区的社会组织发展不均，社工素质良莠不齐，缺乏专业社会工作者。社会治理方式陈旧，难以跟上时代发展脚步也导致社会治理"碎片化"。社会组织可以有效化解社会矛盾、解决群众实际困难、畅通群众利益表达渠道、维护社会稳定。它们是重要的社会中介力量，发挥着连接政府、社区与群众的重要作用。现阶段，我国社会组织发展方兴未艾，但仍难以满足居民需求和治理需求。并且，目前已有社会组织的专业性、权威性也有待提高。

解决社会治理碎片化问题，推进我国社会治理创新，关系到我国社会转型成功与否，关系到广大人民群众的根本利益，关系到国家的长治久安，需要社会各界的共同努力。尽管目前我国政府已经意识到社会治理的重要性，也在不断加强社会治理的能力，但是社会治理水平仍然满足不了社会发展的需要。尤其是，社会治理碎片化问题严重影响我国整体治理能力的提升。因此，必须加大对基层社会治理碎片化问题的研究，并提出有效对策。

本章基于我国社会治理碎片化的现实进行分析，目的是运用协同治理理论，调动各社会主体相互合作。在此之前，我国在各地推行的"三社联动"政策，其理论基础就是协同治理理论，强调社会服务机构、政府以及社会三方合作，以此来应对社会治理碎片化所产生的诸多问题，取得了良好的成果。

第二节　协同治理与"三社联动"机制建构

近年来，我国在社区治理方面大力推进"三社联动"政策，"三社"指的是社区、社会组织和社工三方相互合作、相互监督，其理论基础之一就是"协同治理理论"。一些地区推进"三社联动"已经取得了良好的治理效果。

一、协同治理理论

协同治理理论本质上是"协同论"与"治理理论"的交叉理论。该理论认为，在强调治理的同时要注意治理主体的协同性。协同学一词最初产生于希腊语，意为"协调合作之学"。[①] 它是一门研究受普遍规律支配的自组织的、有秩序的集体行为的科学。"治理"原本指的是在政治领域内对国家相关事务的管理行为，即对这些事务进行控制和引导，20世纪90年代，"治理"一词开始应用于经济社会领域，这样，"治理"一词不仅适用于政治领域，在社会科学领域也被大量使用。但是，其含义也随着使用范围的变化而发生了改变。治理理论创始人之一的罗西瑙（James N. Rosenau）认为，要将治理和统治区分开来，二者存在明显的区别：统治的主体是政府，其目标是保证国家政策的顺利执行；治理的主体除了政府外，也包括各种社会组织，其目标是满足各自的主体需要。[②]

关于"协同治理"，联合国全球治理委员会这样定义："协同治理是个人、各种公共或私人机构管理其共同事务的诸多方式的总和。它是使相互冲突的不同利益主体得以调和并且采取联合行动的持续的过程。其中既包括具有法律约束力的正式制度和规则，也包括各种促成协商与和解的非正式的制度安排。"[③] 从这个定义可以看出，它强调的是治理的主体多元、治理过程的持续性和稳定的社会秩序。

协同治理理论产生于恐怖主义、气候变暖、环境污染等问题频发的21世纪，指出这些问题如果得不到妥善处理会引发一系列全球性的严重后果，而要解决这些问题需要各国政府、相关部门等治理主体之间进行有效的合作。它的理论起源是公共管理理论，产生于反思新公共管理理论的后新公共管理理论成长时期。西方的

---

① ［德］赫尔曼·哈肯：《协同学——大自然构成的奥秘》，凌复华译，上海译文出版社2005年版，第223页。

② ［美］詹姆斯·N. 罗西瑙：《没有政府的治理》，张胜军等译，江西人民出版社2001年版，第4~5页。

③ 全球治理委员会：《我们的全球伙伴关系》，转引自俞可平主编：《治理与善治》，社会科学文献出版社2000年版，第23页。

新公共管理思潮带来了碎片化，由此产生的政府治理裂化等问题引发了学者对协同理论的讨论。目前协同治理在西方国家已经被广泛应用，成为一种重要的分析工具，被应用于管理学、经济学、政治学、社会学等学科。它在本质上是一种共同处理复杂事务过程中多元主体相互关系的探索。① 运用协同治理理论进行社会治理有助于公民民主意识的增强、政府职能转变和服务的优化以及政策效能的实现。

我国对协同治理理论的研究与实践大致兴起于 2007 年，学者们从不同视角对其展开了激烈的讨论，取得了一系列进展。"三社联动"政策就是协同治理理论与我国社会现实情况结合的产物，旨在将社区、社会组织和社工服务机构联系起来，相互协作，共同致力于社会问题的解决。

二、"三社联动"及其协同治理内涵

王思斌（2007）最早就"三社联动"进行阐述，他从社会工作的视域出发，要求社会服务机构、政府以及社会三方相互合作，相互监督。《关于加快推进社区社会工作服务的意见》指出，"三社联动"即：按照"政府扶持、社会承接、专业支撑、项目运作"思路，探索建立以社区为平台、社会组织为载体、社会工作专业人才为支撑的新型社区服务管理机制。它指的是社区、社工组织与社会工作专业人才相互协作、相互配合进行社会治理的机制与过程。

随着社会的发展，社会治理越来越得到国家的重视。"三社联动"产生于我国社会体制改革的大背景中，其本质就是我国社区治理创新形式。我国的社会管理体制从单位制转变成社区制，而社区制又经历了"社区服务""社区建设""社区治理"三个阶段。20 世纪 80 年代，民政部提出"社区"概念，强调由政府引导社区解决社会问题。1991 年民政部提出"社区建设"概念弥补社区服务难以涵盖的社会职能。2003 年上海市民政局提出社区、社工以及社团"三社互动"概念，之后更名为"三社联动"，较之前者更强调三者之间的连接与协调。② 党的十八届三中全会将"完善和发展中国特色社会主义制度，推进现代国家治理体系和治理能力现代化"作为全面深化改革的总目标，对社会治理做了基本安排。"社区""社会组织""社会工作专业人才"协调互助，"三社联动"成为基层社会治理模式，得到了全国各地区广泛的重视与实践。

在"三社联动"的具体实践中，最重要的是要明确"三社"之间具体的角色与分工，才可以实现各主体之间的协调合作。第一，对于社区来说，有学者认

---

① 刘伟忠：《协同治理的价值及其挑战》，载于《江苏行政学院学报》2012 年第 5 期，第 113～117 页。
② 徐永祥、曹国慧：《"三社联动"的历史实践与概念辨析》，载于《云南师范大学学报（哲学社会科学版）》2016 年第 3 期，第 54～62 页。

为居民应是社区治理的核心力量，也是"三社联动"的服务对象；社区不仅仅是服务开展的场所，而更应将其理解为社区中行动的主体；社会组织以及社工进入社区时应与居委会建立密切联系和良好的互动，同时社区也是社会治理开展过程中必不可少的资源提供者。第二，对于社会组织来说，社会组织进入社区带来专业的力量与服务，这就要求社会组织必须是专业社会工作者组成的专业机构。第三，对于社工来说，虽然目前存在"社区工作人员"也是社工的看法，但是他们不具有专业社工所具有的社工理念与方法，相比较而言，"专业社工受过正式的教育与培训，拥有社会工作资格认证和体系化的工作方法，善于为居民提供符合需求的创新型服务"。[①] 第四，在具体的"三社联动"实践中必须明确各自的分工与合作，社区需要在其中扮演社区自治与民主协商的中心角色，这里的社区指的是社区党委、居委会和服务站等社区组织，社区是重要的群众自治空间；社工与社会组织代表的是专业的力量，社区通过政府购买的形式与社会组织建立契约、形成良好互动的合作伙伴关系；同时，社区为社会工作者提供展现专业技能的服务平台，一方面为居民提供专业化服务，另一方面专业社工也在具体的实践中不断提升自我能力。总而言之，"社区""社工人才""社会组织"三者之间须是一个相互协作的、协调的、平衡的系统。

联系上文所述的协同理论内涵，"三社联动"政策要求三方相互协作，相互配合，强调了社会治理主体的多元性。社会治理的主体不再是政府单一的角色，而是在党委领导、政府主导下，由社区、社会、社工组织相互合作，共同治理的过程。"三社联动"政策使相互冲突的不同利益主体得以调和并且采取持续的联合行动。行动的过程中包括各种正式、非正式的制度和规则，保证治理项目的顺利开展。

三、"三社联动"的实践探索：典型案例总结

自 2015 年以来，全国 15 个省市已经召开 23 场专题研讨会，民政部在重庆还专门召开了全国社区社会工作暨"三社联动"推进会，总结了各地开展"三社联动"的经验，要求各省市加快推进的步伐。[②] 叶南客（2010）在总结各地实践经验的基础上，将"三社联动"实践归纳为五大模式，即内需驱动型、政府主导型、项目引领型、理念践行型和体制创新型。[③] 下面总结北京等地区推进"三

---

① 徐永祥、曹国慧：《"三社联动"的历史实践与概念辨析》，载于《云南师范大学学报（哲学社会科学版）》2016年第3期，第54~62页。

② 何立军：《深入推进"三社联动"——构建全民共建共享的社会治理格局》，载于《中国民政》2015年第20期，第30~31页。

③ 叶南客、陈金城：《我国"三社联动"的模式选择与策略研究》，载于《南京社会科学》2010年第12期，第75~80+87页。

社联动"的建设经验及模式。

北京市"三社联动"工作最具特色的是在街道和社区层面建立"三社联动"联席会议制度，让社会组织以及专业社工借助社区这个平台打破交流壁垒，建立信息沟通桥梁，加强"三社"之间的沟通，详见图 5-1。按照叶南客的分类，北京的建设经验属于"内需驱动型"，基于所在社区的内在需要，联合社会组织与专业社工的自身发展需要，将三者的发展目标潜移默化地融为一体，共同纳入社区建设与发展中。在这个过程中，社工借助社区平台发挥自己的专业知识与技能，帮助社会组织健康发展的同时，引导居民参与到社区建设中去；同时，社会组织产生的原因就是为了满足社区居民需求，在"三社联动"的过程中，社会组织不仅达到了自己的目的也实现了自身的发展壮大；最后，社区在为"三社联动"搭建交流互动平台的同时，也促进了社区内部的和谐健康发展。

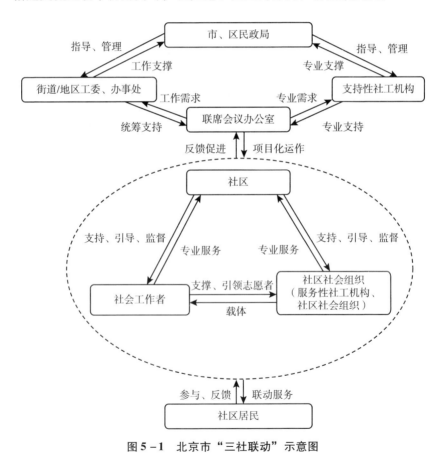

图 5-1 北京市"三社联动"示意图

资料来源：《社区提档新引擎——"三社联动"助推社区治理创新》，载于《中国社会工作》2017 年第 11 期，第 15~17 页。

浙江的"三社联动"建设经验是建立责任考核制度，实现上对下的责任考核，市委、市政府对县（市、区）的"三社联动"工作过程进行监督、问责和考核。这样保证了"三社联动"政策落实到各级政府的具体工作上，体现了政府对"三社联动"工作的重视，详见图 5-2。按照叶南客、陈金城的分类，浙江的建设经验属于"政府主导型"，这类"三社联动"围绕政府中心工作开展活动，开展的活动很多都是配合上级政府的任务要求或配合社会性的大型活动展开，以社区需求为出发点的、日常性的活动相对较少，导致这类型的组织又几乎成了政府的"腿"。① 其优势在于可以运用政府主导弥补社会组织发展不完善、社工队伍建设不成熟的缺点，保证和谐社区建设的顺利进行和有序发展。

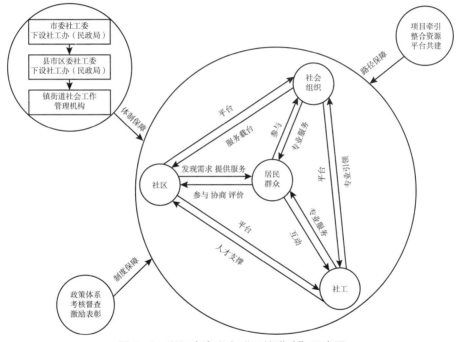

图 5-2　浙江省嘉兴市"三社联动"示意图

资料来源：《社区提档新引擎——"三社联动"助推社区治理创新》，载于《中国社会工作》2017 年第 11 期，第 15～17 页。

上海则强调引入专业社会工作者，是全国范围内最早采取此种做法的城市。②

---

① 叶南客、陈金城：《我国"三社联动"的模式选择与策略研究》，载于《南京社会科学》2010 年第 12 期，第 75～80＋87 页。

② 徐永祥、曹国慧：《"三社联动"的历史实践与概念辨析》，载于《云南师范大学学报（哲学社会科学版）》2016 年第 3 期，第 54～62 页。

上海市成立专业社工介入的"预防和减少犯罪工作体系"深入社区，为社区中"三失"青少年、吸毒人员、社区矫正人员提供社会工作专业服务；2003年，通过制定社会工作者职业认定办法等做法推进社会工作的发展，培育了最早一批专业社工力量。可以说，上海的工作重点就在于此。但正是由于上海单方面发展专业社工力量，重点有所偏向，忽视了社区、社会组织的发展，未能促进社会组织、社会工作者共同发展，形成有效的"三社联动"的局面。

南京"三社联动"也是"政府主导型"。南京首先进行街道社区的改革，为社区减负，同时建立专业民办社工机构，发挥其专业优势，保障项目的专业性。与之相似的是广州经验。广州整合资源，建立"街道家庭综合服务中心"，向社区居民提供社工专业服务，同时建立了资金投入的长效机制，保证社会组织的健康发展、社区建设的顺利进行，具体见图5-3。

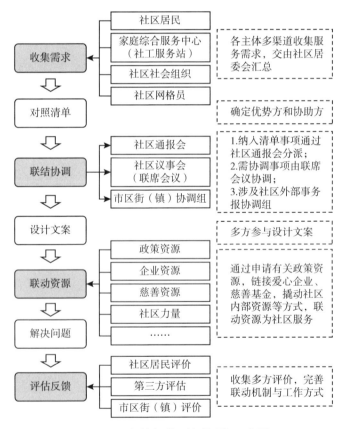

图5-3 广州市"三社联动"示意图

资料来源：《社区提档新引擎——"三社联动"助推社区治理创新》，载于《中国社会工作》2017年第11期，第15~17页。

这些地区推进"三社联动"政策在取得重大成果的同时也存在一些问题，各地区要在结合本地区实际情况的基础上，选择真正适合本地区的"三社联动"的模式，探索符合本地实际情况的新型社会治理模式，促进社工、社会组织、社区的共同协调发展。

第三节　协同化治理的S街道实践探索

党的十八届三中全会公报指出：创新社会治理，必须着眼于维护最广大人民根本利益，最大限度增加和谐因素，增强社会发展活力，提高社会治理水平，改进社会治理方式，激发社会组织活力，创新有效预防和化解社会矛盾体制，健全公共安全体系。S街道在推进协同化治理过程中，借鉴多方优秀治理经验，结合本街道的现实情况，从"三社联动"（社会组织、社区、社会工作专业人才）逐步走向"四社联动"（社会动员中心、社区、社会组织、社区居民）。

"四社联动"即社会动员中心、社区、社会组织以及社区居民相互协作、相互配合进行社会治理的机制与过程。与"三社联动"相比，"四社联动"突出了社区居民在社会治理过程中所扮演的角色，与其他"三社"相互配合，达到共同协调发展的目的。

近年来，北京市政府高度重视社区建设工作。为进一步推进社区建设，提升社区治理服务水平，2014年，政府以社区为平台、以社区社会组织为载体、以社区志愿者（义工）为依托、以社区社会工作人才队伍为支撑的"四社"联动机制为抓手，着力打造了服务设施配套、服务队伍健全、服务投入持续加强的社区治理服务体系，进一步推进了社区创建工作，并取得了良好的工作成效。主要工作包括以下几个方面。

一、全区域社会动员：多主体联动治理

S街道近年开展的社会动员工作，取得了良好成果。社会动员是指有目的地引导社会成员积极参与社会活动的过程。它具有广泛参与性、一定程度的兴奋性、明确的目的性以及良好的秩序性等特征。在社会动员的过程中，调动教育、大众传播等手段来实现社会各方面积极转型，可以对人们的思想、心理、价值取向产生一定的引导，对社会进步有着积极的作用。

S街道通过街道、社区、小区三级各类社会组织的培育和完善，基本形成了三级社会动员网络，为开展全区性的社会动员奠定了组织基础，形成了社会动员

中心、社会组织、社区以及社区居民四者之间的良好互动。其中，社会动员中心成立于2015年，由朝阳区M社会工作事务所托管运营，中心具有动员参与、资源统筹、能力培育、规范发展、职能承接五个功能，采取专业的社工委托和项目化的运作方式。在街道的社会动员中，社会动员中心为主导，不仅扮演着引导者与组织者的角色，而且是连接社区、居民、社会组织的桥梁。社区作为治理平台，为其他三者社会动员工作的实施提供了可施展的场所。社区居民在这个过程中不仅是服务对象也是动员主体，社会动员的根本目的就是提高居民参与社区自治的积极性与主人翁意识，社会治理不再是"一家之言"。社会组织借助承接政府项目的形式通过专业社工为社区提供服务，形成了集专业性、广泛性、多元性于一体的社会动员形式。

在这个过程中，S街道注重培养多元社会动员主体，以培育和扶持社会动员主体为抓手，建立长效机制，畅通社会动员渠道，建立了街道、社区和谐促进员协会组织，充分发挥民事纠纷调解员、政策法规宣传员、社情民意信息员、为民办事服务员、依法行政监督员的"五员"作用。同时，在社会动员的过程中，充分发挥社会组织的力量，以提高社会动员的社会化程度。S街道不断完善社会组织分类培育管理体制和社会动员载体。积极培育"枢纽型"社会组织，通过搭建各种工作与活动平台，提高其对社会组织的凝聚力、影响力和号召力，使其成为党和政府与社会各界群众广泛联系的桥梁和纽带；加强对社会组织的培育发展与监督管理，发挥公益性、服务性等各类社会组织、专业社会工作者的作用，实现社会动员的专业化、规范化发展。S街道注重加强志愿服务组织建设，创造方便参与志愿服务的机会与机制，激励更多的人参与志愿服务，形成参与社会治理的联动机制。

二、社区网集成服务平台：线上线下联动治理

S街道紧跟时代发展步伐，积极运用新媒体，构成13社区网集成服务平台。S街道的13社区网是在辖区12个实体社区基础上建立的一个多终端、跨平台、不间断、全覆盖的虚拟社区，是集13社区网、百事通手机App、13社区微博、"掌上社区"微信公众号于一体的全模式网络服务管理平台。2015年1月正式开通了"掌上社区"微信公众号，运营一年多来，粉丝数达2.5万人，通过内容推送、组织"抢福利""试吃团""过精彩假期、做美德少年""随手拍"等线上线下活动，提供区域化便捷服务，进一步发动社会各界力量参与社会治理，推动了多元治理主体协同治理。

服务平台的建成有赖于北京市社工委以及朝阳区社工委的指导、社工日常维

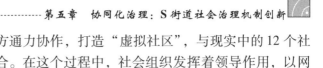

护以及居民的积极参与。三方通力协作，打造"虚拟社区"，与现实中的12个社区形成了线上线下的联动配合。在这个过程中，社会组织发挥着领导作用，以网络为平台，居民通过微博、微信等网络社交平台进驻虚拟社区。社会组织在这样的虚拟社区中不仅扮演着专业社工的角色，还扮演着管理者、活动组织者的角色，定期推送线上线下活动，鼓励居民积极参与。居民在虚拟社区中参与居民自治，与社会组织相互协作，不仅丰富了自己的业余生活，也与其他居民建立联系，扩大了社会网络的范围。

三、志愿服务团队：社工+义工"双工联动"

近年来，S街道社会志愿服务工作以弘扬志愿服务精神、传递社会正能量为主旨，在加强志愿服务组织培育管理、扩大社会志愿服务参与、打造志愿服务品牌等方面开展了一系列工作：一方面，扩大志愿服务团队，2017年时就有志愿服务组织29个，1个枢纽型社会组织是S街道志愿者协会，志愿服务类社区社会组织18个。共招募注册志愿者10067人，志愿服务时长累加至464430小时。志愿时长100小时以上的志愿者达到642人。另一方面，开展志愿服务示范项目，分别是"爱家人"家庭综合服务项目和幸福"益起来"社区公益年计划活动项目。

志愿服务活动的开展主体涉及S街道各社区、居民、社会组织以及社工。志愿服务工作以团队、项目的形式开展。社工与志愿者（义工）之间相互协作，彼此分工，社会组织在其中仍然是组织者与引导者。居民既是志愿者也是活动的服务对象。社区拥有多方面的资源以及灵活调动资源的权利，不仅为志愿活动的开展提供场所，还可以为志愿小组的活动提供相关资源。这些社会治理主体之间既有分工又有合作，既有领导者又有参与者，共同致力于S街道志愿服务活动的顺利开展。通过这样的志愿组织与志愿活动，社区、社会组织、居民得以紧密联系在一起，发挥各自的优势，共同筑造便民利民的爱心社区。

第四节 协同化治理的基本框架与现实意义

一、协同化治理的"三步走"框架

社区是社会治理的最小单位，也是国家推进社会治理创新的重要领域。为

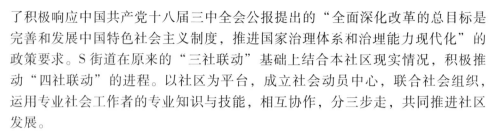

了积极响应中国共产党十八届三中全会公报提出的"全面深化改革的总目标是完善和发展中国特色社会主义制度，推进国家治理体系和治理能力现代化"的政策要求。S街道在原来的"三社联动"基础上结合本社区现实情况，积极推动"四社联动"的进程。以社区为平台，成立社会动员中心，联合社会组织，运用专业社会工作者的专业知识与技能，相互协作，分三步走，共同推进社区发展。

第一步，积极打造协同治理枢纽中心。S街道社会动员中心是街道的综合治理枢纽。

有了动员中心，五大方面的治理功能得以实现：第一，培育多元治理主体。动员中心通过畅通社会动员渠道，建立街道、社区和谐促进员协会组织培育多元治理主体的长效机制，不仅可以加强居民的自我服务和自我管理，还可以促进其在改善城市管理、维护社会稳定、服务居民生活方面的积极作用。第二，通过培育"枢纽型"社会组织，提高社会组织的凝聚力、影响力和号召力。社会组织是专业力量的代表，可以充分发挥专业社会工作者的作用，不但能够加强志愿服务组织建设，开展志愿服务项目，而且可以创造方便居民参与志愿服务的机会与机制。第三，社会力量得到充分利用，初步建立了政府购买社会组织公共服务的制度。通过制定规范性程序和评估指标体系，利用项目购买、项目补贴、项目奖励等方式，将部分公共服务交由社会组织承接，建立社会联合动员机制，团结和凝聚各类社会主体，促进社会融合，提高了社会动员的针对性和有效性。

第二步，搭建协同治理三级平台。在具体的社区工作中，S街道根据北京市朝阳区委、区政府发布的《关于统筹推进党政群共商共治工作的指导意见（试行）》的要求进行社区协同化治理。基于社区的现实情况，街道搭建了"三级平台"，分别是A类平台（街道议事协商会，共同协商地区重大公共事务）、B类平台（社区议事协商会，在社区中进行自治和基层民主协商）、C类平台（楼院议事协商会，依托楼院的自治单元格进行优化与重组）。在收集居民的需求之后，再通过A、B、C三级平台筛选分类居民的各项提案，在楼院、街道、社区不同的平台上联合居民、社会组织以及政府的力量来解决居民的需求。

三级平台将街道、社区、居民紧紧联系在一起。居民不再是分散的个体，而是相互协作的自治体系中不可缺少的一环。首先，居民通过A、B、C三个平台获得了大小事务的参与权，渗透到民主协商事务中的每一层，有利于街道的民主化治理。其次，居民需求可以在合理范围内得到有效满足。S街道利用各种社交平台能够有效收集居民意见与建议，不仅可以节约资源，还可以调动居民反映问题、服务反馈的积极性。同时，层层筛选保证了居民需求与建议的代表性。最后，三级平台之间从上到下层层配合，建立了从居民到街道畅通的反映渠道，保证居民意见可以充分得到重视，形成居民、街道乃至社区相互协作、相互配合的治理体系。

第三步，协同治理实现"四个延伸"。S街道在"三级平台"基础上进行"四个延伸"，进一步推进社区协同治理进程。"四个延伸"即：议事平台由社区向小区（楼院）延伸，项目主体由政府单一主体向多元参与主体延伸，内容由办实事向社区治理延伸，项目经费由单纯行政经费支持向社区资源融合延伸。

这里S街道实施的"四个延伸"分别具有不同的治理意涵和现实意义。第一，议事平台的延伸代表了S街道治理更加注重精细化，体现了人性化。城市社区的地理空间本来就比较大，如垃圾处理、文体器械摆放等都会涉及不同方位、楼宇、小区所在居民的利益，因此细致化的划分有助于倾听来自各方的声音和诉求，做到掌握最广泛的民意。第二，项目主体向多元参与主体延伸，代表了社区治理中街道注重发掘社区自治主体的力量，主动培育和发展多元主体参与治理，形成协同化治理新局面。第三，内容向社区治理延伸代表了社区治理能够下沉基层、倾听民意，从根上改变了事后的问题解决型治理方式，通过事先的预防、项目的跟进实现社区治理的常态化、机制化。第四，项目经费向社区资源融合延伸说明，街道实施的社区治理打破了原来政府治理的界限，真正从社区自身找资源，把挖掘社区自身潜力、实现社区自治作为主要的目标。

二、协同化治理的现实效果

（一）促进社会组织发展，增强社会工作服务能力

在S街道社会动员中心的运作过程中，依托"一网五中心"模式，完善社会动员体系建设，增强社会治理合力，建成了社会单位服务中心，以培育、引入和盘活等方式扩大动员资源，与社会参与主体建立密切联系，加大对社会单位的服务力度，引进社会单位服务社会的资源，做到资源共享、技术共用、流程共通、项目共研、难题共解。在这个过程中，社会组织得以充分利用街道资源，为专业服务的提供和活动的顺利开展奠定了坚实的基础。

通过项目实施，推动了S街道社会组织的蓬勃发展，推动了广大自益型社区社会组织向互益型组织和公益型组织转变，形成了社区社会组织发展和服务品牌。街道实施的"动员小组"、社区创享计划等项目培养了一批有代表性的社区社会组织领军人物，他们在S街道的治理中发挥了骨干核心作用。到2017年，

通过项目带动，S 街道共培育、发展、引入社会组织 137 个，招募注册志愿者 10067 人，引导居民形成专项工作组和俱乐部 16 个，社会组织蓬勃发展。

调研了解到，有将近半数的被访居民在日常生活中接受过社会组织或社工提供的服务。图 5 - 4 的数据显示，有 48.6% 的被访居民接受过服务，而 45.0% 的居民表示听说过但没有接受过，还有 6.4% 的居民表示既没听说过也没接受过。

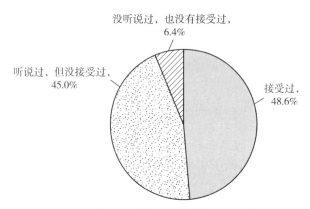

没听说过，也没有接受过，
6.4%

听说过，但没接受过，
45.0%

接受过，
48.6%

图 5 - 4　居民接受社会组织或社工服务情况

从社工服务的专业程度来看，超过一半的居民认为社会组织或社工提供的服务非常专业，专业程度认可度较高，感觉比较满意。

如图 5 - 5 所示，有 53.9% 的居民认为社工提供的服务非常专业，26.3% 的被访居民认为服务比较专业，表示不太专业和非常不专业的被调查对象占到 9.7% 和 0.4%，此外还有 9.7% 的居民表示不清楚。通过交叉分析发现，50.3% 和 43.5% 接受过服务的受访者表示服务非常专业或比较专业，而在认为服务不太专业的被访者中，听说过没接受过服务的被访者却占了 77%。这说明社会组织或社工提供的服务实际效果较好，但是还没有在居民心中树立可依靠信赖的形象。

图 5 - 6 显示，超过一半的被调查者遇到困难会求助社会组织或社工。数据显示，有 61.3% 的调查对象选择会求助社工，20.3% 的调查对象不会求助社工，另外还有 18.4% 的居民表示说不清。通过交叉分析发现，当遇到困难时，有 83.1% 接受过服务的居民会选择求助社工或社会组织。而在选择不会求助的被访者中，有 76.0% 是听说过但没接受过服务的居民。

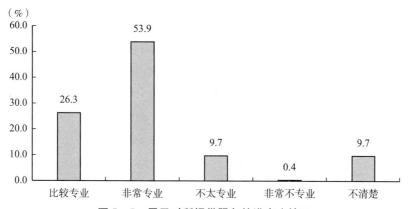

图5-5 居民对所提供服务的满意度情况

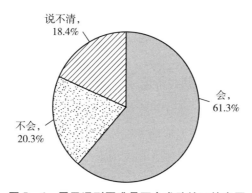

图5-6 居民遇到困难是否会求助社工的意愿

如表5-1和图5-7所示，从居民认为社会组织和社工工作的不足来看，缺乏活动场地和活动经费不足是两个突出的问题。从数据来看，活动经费不足和缺乏活动场地两项中选择"是"的居民将近半数（44.2%和48.0%），其他问题按反映程度排序分别是服务内容少（23.2%）、居民参与度低（18.3%）、服务人群单一（11.3%）、工作人员素质差（4.9%）、服务力度和质量差（3.0%）。

表5-1 　　　　　　　　　辖区居民对社区工作的评价 　　　　　　　　单位：%

	工作人员素质差	活动经费不足	缺乏活动场地	居民参与度低	服务内容少	服务人群单一	服务力度和质量差	其他
是	4.9	44.2	48.0	18.3	23.2	11.3	3.0	3.7
否	95.1	55.8	52.0	81.7	76.8	88.7	97.0	96.3

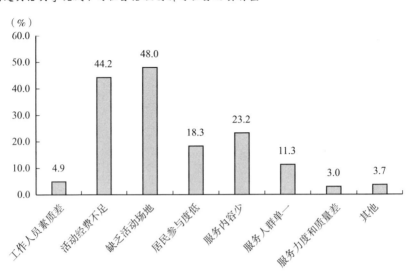

图5-7 辖区居民对社区工作的评价

（二）社会资源整合机制初步形成

S街道在整合社会资源中主动寻求与企业、商户的联动。第一，积极推动大型企业履行社会责任，为地区特殊困难群体捐赠物资，动员沃夫资产、汇丰银行等参与社区空巢老人探访、入户服务，发动汇丰银行志愿队、麻花志愿队等企业志愿者组织融入社区开展居民服务。第二，积极引导中型单位提供服务，引进优质社会资源参与四点半课堂、欢堡俱乐部亲子服务、失能老人入户医疗等，同时为社会单位提供团队能力建设、心理减压、亲子互动、读书会等系列主题服务，建立了良好的互动关系。第三，积极动员六小门店，使理发师能开展义剪，外来务工人员子女假期有陪伴，"幸福街道卡"引入200余家单位为居民提供优惠活动。

（三）社区服务更加人性化、灵动化

S街道通过建设以街道为唯一单元的信息交流方式，在及时倾听民意、高效服务居民方面成绩显著。例如，通过发动社会各界参与家园治理与服务，满足"人情邻里"社交需要，建立富有人情味的公益互动空间，提升居民的家园意识，营造区域内"乐"生活的群体氛围，以"润物细无声"的方式让更多的居民自愿参与社会治理，家庭中的亲子情、邻里之间的邻里情、社区范围的家园情日渐浓厚。具体服务活动非常丰富，针对青少年，开展幼儿生活艺术家、童玩空间、潮悦部落（英语）、青少年嘉年华、卡乐探索、悦读阅美（亲子读书会）等活

动；针对成人开展炫舞拉丁、东方韵（肚皮舞）、舞动生命、靓妈瑜伽、创意美术、成人英语俱乐部等活动；针对老人开展科技助老、书法等有益于老人身心的活动。服务活动贴近居民个性化需求，非常接地气。

调研数据显示，社区的文体类活动的比例最高，90%以上的居民参与过文体活动项目，半数以上的居民使用频率非常高，这说明，文体活动项目在社区居民中的接受度、普及度和使用度均较高，居民对文体项目的参与热情明显。

（四）居民参与更加有序化、高效化

S街道的社会治理创新有效地调动了广大居民群众的参与意识和参与能力。通过逐步引导居民关心社区家园、参与社区事务、商议社区事项，提高对公共事务的关注度、参与度，近年来形成了居民议事组织，变"被管"为"要管"，推动了基层民主政治建设。同时社区社会组织及其骨干的发展和参与推动了街道难题的解决。例如，在整治广渠路"拆墙打洞"过程中，通过动员业主整改、动员商户搬离、动员执法力量、动员居民带头人普法明法，形成了居民自我管理、社工带领居民管理的"参与式协商"自治模式，彻底解决了商户的违法建设问题。这些治理效果的显现都是协同化治理模式带来的积极结果。

（五）推动政府职能转变和切实为社区减负

S街道通过各主体的协同治理，大大减轻了政府部门负担，推动了居民自治和政府职能的转变。转移科室服务类、文体活动类、管理类、公益类、城市管理类职能22项，转移社区环境、日常生活、文体活动、志愿服务30项。如妇联的"公益编织"、社区办"动员小组"、文化中心"过精彩假期、做美德少年"等项目，均充分发挥了社会组织的能力优势，为机关和社区减负增效，将以往政府主导的工作变为群众主动要求的实事工作，变行政干预为行政指导，变命令式管理为统筹式发展，变工作中的阻力为助力，让发展成果更多地惠及地区百姓，提升了党和政府的公信力，维护了地区和谐稳定。

第五节　本章小结

现阶段，随着社会不断发展，居民的观念在不断转变，其需求也随之变化。各种层出不穷的社会问题为社会治理提出了新的要求，我国的社会治理创新面临着新的挑战。社会治理创新也越来越受到重视。当前我国正处于社会转型的关键时期，社会关系、组织结构、社会阶层出现深刻变革，各种利益问题接连出现，

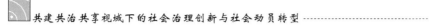

这就导致在社会治理的过程中出现了"碎片化问题"。

为了解决我国社会治理中出现的"碎片化"问题，必须在治理过程中采取协同治理的方式，联合各主体共同为社区发展贡献力量。近年来的实践，使得 S 街道从传统的"三社联动"逐步走向"四社联动"。S 街道在推进协同化治理中实现了"三步走"的行动框架，即建成了"一网五中心"综合治理枢纽平台，同时搭建了"三级平台"，从而实现了"四个延伸"。协同化治理的实施汇集了最广泛民意民情，充分发动社会多元治理主体的优势，提升了地区社区治理的效率，逐步提高了社会治理社会化、专业化的水平，满足了居民的现实需求。

第六章

网络化治理：S街道社会治理路径创新

本章主要通过街道具体的工作，分析S街道在治理过程中怎样积极运用"互联网＋"思维，通过构建13社区网、"一网五中心模式"、线上线下沟通平台等，在网络化治理方面积累了独特经验。党的十九大报告提出"要提高社会治理智能化"，这就不能不提"互联网＋"思维在社会治理中的应用，互联网及其互联互通的高便捷性正在成为型塑共建共治共享社会治理新格局的一股全新力量。S街道的实践界定了社会治理"互联网＋"模式的内涵及其现实可行性，当地在推动构建社区治理"互联网＋"模式的过程中，建立了"掌上社区"等线上互动平台，同时加强线上与线下的交流与互通，逐渐形成了S街道独特的网络化治理路径与经验。布迪厄实践理论认为，场域形塑着惯习，社区治理可以视为社会治理的基层场域，社区治理"互联网＋"模式的构建有利于推进国家治理体系和治理能力的现代化。

第一节 "互联网＋"思维与社会治理智能化

"互联网＋"作为近年来的新兴词汇，反映了社会发展信息化、智能化的新趋势，互联网思维与其他领域相结合是这一趋势在当代社会的一个新风尚，在现实生活中会产生全新效果。本节主要从"互联网＋"理念形成的现实背景及其与国家治理、社会治理和社区治理的关系入手，探讨S街道运用互联网技术推进社会治理智能化的必要性。

一、"互联网＋"兴起的现实背景

随着信息技术的不断发展与社会的不断进步，互联网在当今社会中已经呈现出普及的态势。互联网的影响力正在加速扩散，社会生活互联互通的程度迅速提高。截至 2011 年 12 月 31 日，全球互联网用户总数大约为 22.67 亿人，在全球 70 多亿人口中所占比例达 32.7%。同时，我国的网民数量也在迅速增长。中国互联网信息中心发布的《第 38 次中国互联网发展状况调查统计报告》显示，截至 2016 年 6 月，我国互联网普及率已达到 51.7%，网民人数达到 7.10 亿人次。①互联网已经深深融入了当前人们的日常生活中，并且产生了重要且深远的影响。

作为一种信息传播手段，互联网深刻地影响着传播行为的基本结构，从而形成一种新型的传播机制，在发挥信息优势、促进信息传播方面有着十分重要的作用。拉斯韦尔在概括传媒三大作用的基础上定义了传播行为的基本结构（5W 模式），②这种模式在当前新的社会背景下，必然会产生新的特点，发挥新的作用。

一是传播者：小众化、个人化。互联网时代的一个重要特点就在于"人人都是主播"，每个人都能够在网络社会中发表自己的看法，传播自己的观点。这一特点打破了原有的传播权仅仅掌握在极少数人手中的现象，使得传播主体迅速呈现分散化、个人化的特点。

二是内容：自由化、娱乐化。传播者的小众化和个人化的特点，使传播内容出现了自由化的倾向，加之网络媒介传播难以进行控制的特点，传播内容也难免会变得娱乐化、世俗化。传播内容的这种变化是当代社会面对新型传播媒介的一种必然趋势。

三是渠道：虚拟化、交互性。网络的另外一个重要特点还在于它的虚拟性，这种特点使得网络中传播的信息往往具有匿名性的特点。虚拟化的传播渠道加上小众化的传播者使得在网络中往往很难找到信息的最初来源，因此也会引发一系列的社会问题。此外，交互性的特点是相对于传统的信息传播方式中传媒扮演的受众和信息源的"中介人"的角色而言的，所谓交互性是指在现代信息传播的过程中，传媒不再仅仅是作为中介的角色而存在，同时个体也不仅仅是信息的受众，也可以作为利用传媒进行新一轮的信息传播。

四是受众：广泛化、大众化。我国激增的网民数量和互联网普及率反映出互联网受众的普及化趋势，这也使得由互联网为主体构建的新型传播机制下的受众相应地出现了广泛化和大众化的趋势。这种趋势不仅体现在地理空间的分布上，也体现在受众所属的社会群体以及所属的社会阶层上。

五是效果：多样化、层次化。基于以上四种传播机制的特点，通过网络传播的信息必然具有多样化的特征，从而会在不同的受众之中产生多样化、层次化的

---

① 中国互联网络信息中心（CNNIC）：《中国互联网络发展状况统计报告（2016 年第 38 次）》，搜狐网，http://www.sohu.com/a/109133025_355001。

② ［美］哈罗德·拉斯韦尔：《社会传播的结构与功能》，何道宽译，中国传媒大学出版社 2012 年版，第 21~22 页。

传播效果。效果的多样化和受众的广泛化、效果的层次化和受众的大众化之间是紧密相连的。

综上所述，新型的传播机制是小众化和个人化的传播者在新的技术手段普及的基础上，通过网络化和虚拟化的渠道、交互性的手段，向广泛化、大众化的受众传播自由化、娱乐化的信息，达到多样化、层次化效果的一种综合性、整体性的信息流动机制。而互联网正作为这种新型传播机制最重要的载体，在影响每一个社会个体的同时，也深刻影响着社区和社会的发展。

二、"互联网+"思维与国家治理

党的十八届三中全会《中共中央关于全面深化改革若干重大问题的决定》指出，全面深化改革的总目标是完善和发展中国特色社会主义制度，推进国家治理体系和治理能力现代化。十八届五中全会对全面建成小康社会新的目标要求之一就是国家治理体系和治理能力现代化要取得重大进展。社会治理是国家治理的分支范畴和子领域①，社区作为社会治理的单元细胞，是社会治理现代化的基层服务管理平台，因此通过社区治理现代化发展，推动国家治理体系和治理能力现代化发展，是实现全面深化改革总目标的有效途径。

改革开放以来，我国的国家治理面临着单位化向市场化转型、低标准向高要求转型的双重变革。一方面，随着单位制的瓦解，传统的以"单位"为核心的国家治理体制不复存在，原来由政府主导的社会治理模式也受到了越来越多的挑战。另一方面，人民收入不断提高，随之而来的不仅是物质生活的丰富和生活水平的提高，体现在社会治理方面则表现为对社会治理新的、更高的要求，希望通过各种社会组织和多样的途径推动社会治理效果和社区服务质量的提高。国务院出台的《关于积极推进"互联网+"行动的指导意见》指出，"互联网+"已经成为经济社会创新发展的重要驱动力量。但我们必须认识到，在互联网构成的新型传播机制下，由于其特有的一些特点，必然会造成国家治理方面的一些难题，使国家治理和社会治理面临新的挑战。

总之，当前国家和社会都面临着一系列的新形势和新问题，当前如何利用"互联网+"思维探索社区治理新路径，发挥其在社区治理现代化发展中的推动力量，实现全面深化改革的总目标，不仅是国家需要考量的发展问题，也是基层社区需要运用创新的技术手段解决的问题。发挥互联网的重要性，对于完善新型

---

① 姜晓萍：《国家治理现代化进程中的社会治理体制创新》，载于《中国行政管理》2014年第2期，第24~28页。

社区治理，从而推动国家治理体系和治理能力现代化有着极为重要的意义。

三、网络化治理与社会治理智能化

社区治理创新对于国家治理体系和治理能力现代化具有重要意义。德国社会学家滕尼斯1887年在《社区与社会》中第一次使用了"社区"概念，指出社区是由具有共同习俗和价值观念的人口所形成的、关系密切、富有人情味的社会团体。① 美国社会学家罗伯特·帕克认为，社区的本质特征主要有：一是以地域组织起来的一定数量的人口；二是这些人口与其所占用的土地之间存在着或多或少的关联；三是以竞争为主导的社区生活进程，这种竞争及由此发展而来的共生关系均存在于社区层面上。② 英国社会学家马林诺斯基认为，社区是一个由多个彼此联系、互相依赖的部分所组成的整体，这些部分都会对整体起到一定的作用，或发挥一定的功能。③ 从上述定义不难看出，社区必须满足一定的空间地域、一定的人口数量和一定的社会联系这三个最基本要素。国家是众多社区的联合体，治理好社区也就能够达成国家治理的目标，因此社区治理和国家治理之间具有密切的联系和复杂的关系，处理好二者之间的关系需要采取多样化的手段。

将互联网和社区治理相结合，不仅对社区治理大有裨益，更能使国家治理从中获益。当今社会，互联网技术已覆盖方方面面，成为驱动创新的重要力量，"互联网＋治理创新"也成为各方关注的议题，同时也为推进治理现代化提供了契机。例如，在我国城镇化快速发展、城市治理面临的问题日益复杂的背景下，依托互联网技术的"智慧城市"建设，成为推动新型城镇化、全面建成小康社会的重要举措。而社区作为城市的细胞，是智慧城市建设的支撑点，同样需要借助互联网新技术的应用。基层社区治理运用互联网新技术，不仅可以节约管理的成本，更能增加管理的便利性，同时也将互联网的管理新思路融入实践中，使之成为社区治理的新法宝。

网络化治理路径的探索和创新是响应"社会治理智能化"要求的一种全新治理实践。党的十九大报告指出，打造共建共治共享的社会治理格局必须提高社会治理智能化，善于运用互联网技术和信息化手段开展工作。一般来说，智能化是指将"智慧"和"能力"相结合的过程，最终得到具有感知能力、记忆和思维能力、学习能力和自适应能力以及行为决策能力的特点的系统的过程。④ 根据这

① [德] 滕尼斯：《社区与社会》，林荣远译，商务印书馆1999年版，第74～76页。
② [美] R. E. 帕克等：《城市社会学》，宋俊岭等译，华夏出版社1987年版，第63～65页。
③ 王冬元等编：《新时期中国社区建设与管理实务全书》，学苑出版社2001年版，第27～28页。
④ 刘卫国：《现代化、信息化、数字化、智能化及其相互关系》，载于《中国铁路》2011年第1期。

一定义，社会治理智能化主要是指在社会治理过程中，要积极运用全新的、智能化的设备、网络和渠道，借助互联网技术和信息化手段打造互联互通、参与共享的全新治理平台和路径，并将其融入社会治理思路、实践等每一个环节中，形成以智能化推动社会治理创新的全新模式。所以说，社会治理智能化拥有两个层面的含义：一是社会治理设备的智能化，比如越来越多的为老服务使用的定位、呼救设备，需要社区矫正对象佩戴的定位、监控设备等；二是社会治理渠道的智能化，即运用互联网及其全新媒体平台搭建的新型的全民参与治理和互动共享的空间，所以也可称之为"社会治理网络化"或"网络化治理"。可见，本章所讨论的网络化治理路径正是"社会治理智能化"的第二个层面的含义，即"社会治理渠道和平台的智能化"。当前S街道乃至全国其他很多地方都已在网络化治理方面取得很大进展，这正是因为利用互联网的互联互通这一巨大优势服务于社会治理创新，能够为基层社区带来高效便捷的全新治理渠道和开放共享的全新治理平台，在现实中起到事半功倍的良好效果。

第二节　S街道搭建的线上治理平台

S街道基于网络信息技术，积极搭建了社区治理的新型互联网平台，通过线上治理的方式，依托全方位的网络治理体系进行综合管理，构建了"掌上社区"微信公众号、13社区网和"一网五中心"集合服务平台，取得了良好的效果。

一、"掌上社区"微信公众号

随着居民需求的不断发展，传播手段的不断更新，S街道结合地区实际，特别是中青年的需求偏好，进一步创新社会动员形式，于2015年1月正式开通"掌上社区"微信公众号，通过内容推送、组织线上线下活动，进一步发动社会各界力量参与社会治理。

（一）构建目标

S街道开设了唯一以街道为单元的信息交流方式——"掌上社区"微信公众号，以此为平台传播正能量信息、提供区域化便捷服务、开展线上交流、发动社会各界网上参与治理，满足"人情邻里"社交需要，建立富有人情味的公益互动空间，提升居民的家园意识，营造区域内"乐"生活的群体氛围，以"润物细无声"的方式让更多的居民自愿参与社会治理。由此可见，S街道构建这一微信公众服务号，最主要的目的在于以此作为对传统的社区治理方式的补充和提升，规范社区网络化治理方法，探索社区网络化治埋途径，同时也可以通过这一线上形式组织开展线下活动，促进线上线下的结合。

（二）工作实践

"掌上社区"微信公众号同普通微信公众号最大的不同在于其功能设计的全面性，除了日常推送外，还加入了多平台的互动模式与线上线下的互动平台，取得了良好的效果。微信公众号的工作实践主要体现在功能设计、活动形式和运行方式三个方面，三方面综合协调运行，不仅增强了微信公众平台的吸引力，更发挥了其在结合互联网，并以此丰富社区治理体制机制方面的优点。

第一，在功能设计方面，"掌上社区"主要分为每周图文推送、固定菜单栏目更新、多平台粉丝互动三类功能。其中，每周图文推送5条原创信息，仅2017年一年就推送200余条，阅读人数突破千人的有36条，突破万人的有4条，其中最高单篇阅读人数为3万人，基本每次推送头条的阅读率都达到了100%（8000人以上）。固定菜单栏目更新则根据街道、社区不同需求，不定期更换菜单中通知公告、政策服务、便民服务及历史消息等。多平台粉丝互动通过开通"微社区""QQ群""微信群聊"三个平台进行平台之间的衔接互动，微社区发帖量3600条，最高单日访问量6961人次，其他两个平台的活跃粉丝都在200人以上，三个平台满足了粉丝间的社交需求，这也是居民自发志愿者组织、社会组织的雏形。

第二，在活动形式方面，"掌上社区"分为线上和线下两部分。为充分发挥电子网络线上功能，"掌上社区"先后开发了投票模块、活动报名与反馈模块。年初举办的"社区微春晚"就利用了投票模块，参与投票人次超过了8万人次。活动报名与反馈模块是以地区青少年暑期社会实践活动为契机打造的，有近4000人次使用。每周开展的"抢福利""试吃团"等线上活动也备受关注，单场活动最高报名人数超过500人。通过25次线上活动，让粉丝逐渐养成定期关注"掌上社区"的习惯。同时，动员地区各类资源，整合社会单位力量，针对不同人群、不同节点开展系列线下活动，居民在线上报名便可参与家门口社会单位的线下活动，精准对接了人、地、物。例如，"过精彩假期、做美德少年"暑期青少年社会实践活动便可以通过手机网络线上报名。

第三，在运行方式方面，"掌上社区"采取政府指导、社会参与、专业运行的方式，委托专业广告公司运营微信公众号，保证了运行质量。概括来说，就是街道主管领导把关，成立社会动员科负责日常监督，日常维护由专业公司负责，社会各界广泛参与各类活动。

（三）工作成果

"掌上社区"微信公众号以"有趣、有用、有情"为目标，编辑内容、策划活动，吸引了一批忠实粉丝，最难得的是得到了很多年轻人的关注，取得了令人骄傲的工作成果。

第一，在活动举办方面，"掌上社区"不仅关注活动的数量，更关注活动的品质和对不同年龄阶段、不同工作性质居民的覆盖。通过平台号召，社区先后举办了针对白领及地区青年开展的五四青年跑、单身男女"撕名牌"、周末大集、社区好声音等贴近年轻人需求的活动，针对中老年人开展了"幸福羊"设计大赛、社区微春晚、老年微信培训班等活动，针对青少年儿童开展"过精彩假期、做美德少年"暑期社会实践活动，针对家庭主妇开展的"巧娘"手工制作及作品展，基本覆盖了社区中所有居民群体，各类活动兼具趣味性和实用性，也吸引了媒体的广泛关注。

第二，在促进社区与社会沟通交流方面，"掌上社区"平台还动员了百余家企业和组织为地区居民提供服务，在丰富服务种类、增加居民选择的同时，也通过竞争机制提高了服务质量。S街道和北京实验二小朝阳校区等6所辖区内中小学校、培新小学等数十所域外中小学校建立密切联系，并联合乐成中心、今日美术馆、多家银行、垂杨柳医院、中影票务通等数十家大型单位，以及大鸭梨、烤天下等30余家餐饮企业开展活动，为地区居民谋福利、找优惠。通过这一平台，已有万余人次享受了社会单位的优质服务。

第三，在塑造社区文化方面，通过多种形式引导，不断激发社区正能量，家庭亲子情、居民邻里情、社区家园情日渐浓厚。通过"小鬼早当家""祖孙微信班"等活动，使孩子不再是家中的"小霸王"，他们学会了做家务，主动教爷爷奶奶学微信。有一位居民家中爱犬丢失，在"微社区"发帖寻找，消息一出众多粉丝转发，爱犬被一位好心人找到并归还，随后狗主人在"微社区"发表了感谢信，辖区一家宠物机构看到后，被狗主人和爱犬之间深厚的感情所感动，联系平台为养犬人送上了狗粮礼包。2015年8月纪念抗战胜利大阅兵，老兵方阵让人印象深刻，为了向生活在S街道的抗战老兵表达敬意，平台发起了为期一个月的寻找抗战老兵活动，有将近500名粉丝参与寻找，共找到10名老兵和30余名老兵家属，"掌上社区"联合辖区家修企业为10名抗战老兵送上了全年家庭免费维修卡，为老兵家属送上了家庭维修礼包，以此向他们表达敬意。像这样的温情故事在公众号运营过程中比比皆是。这一微信公众平台已经超越了原本的信息沟通的界限，成为社区文化沟通与交流的平台，以潜移默化的方式塑造了社区的新型先进文化。

第四，在社会效应方面，经过平台的长期运行，"掌上社区"所举办的活动被央视报道1次、北京台报道10次，《北京日报》《北京晚报》等纸媒刊登6篇，知名网站转载百余次。通过媒体传播、网络传播以及口碑传播，微信公众号的品牌效应不断显现，微信号关注粉丝数已达8200余人，关注度、影响力、号召力大幅提升，社会动员和资源整合能力也初现成效。

（四）工作方向

虽然"掌上社区"微信公众平台取得了令人骄傲的成果，但S街道也规划出未来工作的几个主要方向。

第一，搭建街道治理平台，重视街道重点工作。为街道重点工作如"院街党建"和"幸福YI空间"品牌提供网络交互平台，发起并组织活动，成为院街单位与居民的纽带。为朝阳区级试点"二级闭环系统"继续开展"随手拍"征集，广泛动员地区居民发现身边的问题并在街道层面及时解决。

第二，加大宣传推广力度，增强平台影响力度。通过开展高质量、品牌化线上线下活动和推送原创优质内容，增加粉丝数量以及活跃度，进一步扩大微信公众号的影响力。

第三，优化平台粉丝结构，扩大平台受众范围。前期"掌上社区"的粉丝构成以居住在本地的中青年居民为主，下一步将通过有针对性的活动增加不同年龄层次的粉丝，如为老年人群体开展"敬老月"主题系列活动，为白领群体举办商务楼宇主题活动等，扩大受众范围，优化受众年龄结构。

第四，提升社会动员能力，发挥平台社会治理功能。将积极粉丝培养成为志愿者，将兴趣小组培育成为社会组织，通过他们的自运行助力街道社会治理，将整合更多的社会资源为居民提供便捷、优质的服务。

S街道构建微信公众号是一次成功的实践，将互联网思路成功融入了社区管理的范畴，针对当前社区工作的现状，结合社区工作特点和优势，成功引入互联网思维，在工作内容、工作形式、工作方法、工作效果上都取得了比较显著的成果，在为社区管理注入活力的同时，也为今后的工作积累了经验，为其他社区做出了示范。

二、建成街道13社区网

街道13社区是在地区12个实体社区的基础上建立的一个多终端、跨平台、不间断、全覆盖的虚拟社区，是集13社区网站、百事通手机App、13社区微博、"掌上社区"微信公众号于一体的全模式网络服务管理平台。

这一平台是 S 街道创新社会动员载体、创新社区治理模式的一个重要举措。随着传播手段的不断更新，中青年群体需求的偏好发展，街道进一步创新社会动员形式。如前所述，街道正式开通"掌上社区"微信公众号，通过内容推送、组织线上线下活动、提供区域化便捷服务，进一步发动社会各界力量参与社会治理。"掌上社区"分为每周图文推送、固定菜单栏目更新、多平台粉丝互动三类功能。在活动形式上，分为线上信息发布、活动报名、微社区互动和线下动员地区资源组织各类活动两部分。

13 社区网是对 12 个实体社区的进一步完善和发展。12 个社区在现实工作中存在着一定的沟通不足、信息交流不畅、不同社区之间的居民难以互相了解的难题。13 社区对 12 个社区进行统筹，依托互联网技术建立了一个整合的虚拟社区，是运用互联网管理社区的具体表现，为今后的社区治理打下了良好的基础。

S 街道通过构建 13 社区网，通过互联网等新技术手段取得了一定的成果，具体体现在以下几个方面。第一，创新了传统的社区融合方式，突破了传统的地理空间限制，运用互联网将 12 个实体社区相连，增强了社区的整体性。第二，将实体社区的现实问题、居民诉求、生活信息和居民评价通过虚拟社区网联系起来，提高了社区事务的处理效率。第三，运用虚拟社区来连接实体社区，通过13 社区网对社区的多个方面加以连接贯通，是创新价值很高的治理实践。

三、构建"一网五中心"集成服务平台

信息的整合日益成为社会治理创新的重要手段。为破解日益复杂的治理难题，实现区域内的广泛社会动员，街道借助 13 社区网的信息平台，依托社会动员中心，积极构建"一网五中心"集成服务平台。这一平台是以 13 社区网为枢纽，系统连接了业已建成并运转良好的区域党建指导中心、社会组织指导服务中心、家庭综合服务中心、社会单位服务中心和公益储蓄分中心五个功能。"一网五中心"集成服务平台是 S 街道实施社会治理与居民服务的重要载体和途径，它的建成和运行对于 S 街道进一步完善社会动员体系建设，增强社会治理合力，在复杂的社会环境中取得基层民主自治新突破，具有非常重要的推动作用。

具体来说，这样的"一网五中心"统筹兼顾、互相协调，在这个过程中，既尊重了各个中心原本功能的发挥，更依托互联网技术拓展了中心的职能，促进了中心之间的信息沟通，提高了信息传达的效率，充分发挥了互联网在社会动员方面的重要优势。S 街道建立这样的模式，首先使社区治理从中受益，治理成本得到了降低，而且也使部门分工更加明确，提高了工作的效率，并依托这样的模式举办了一系列线上和线下活动，促进了 13 社区线上与线下沟通融合机制的建立。

"一网五中心"集成服务平台根本的使命就是为社会治理的实施进行有效的信息整合。因此可以看出，S街道创新的"一网五中心"模式作为一个统筹协调的集成服务平台，其特色与核心就在"一网"，即13社区网。据了解，当初之所以取名"13社区网"，就是因为街道下辖12个居民社区，而计划建成的网站作为一个网络社区，也与其他12个社区并列成为一个新的"社区"。这个"社区"通过虚拟的13社区互联网，在链接12个实体社区的同时，最重要的是为其提供了一个各种资源互联互通的平台，在充分利用互联网技术优势的基础上，最大限度地将社区中的居民、信息、服务等通过这一虚拟的网络串联起来。在"一网"的统筹下建立的"五中心"便是一个将人、信息、资源等通过网络串联起来的成功实践。

第三节 "线上"与"线下"的互融结合

S街道在构建线上沟通平台的同时，也发挥社区的传统优势，发挥"共同体"的特点，组织了一系列线上线下活动，促进了线上与线下交流的沟通与融合，打通了线上线下沟通平台，为社区治理和发展注入了新的活力。

一、13社区的全媒体化

所谓"全媒体化"，指的是构建一套多元化的媒体信息体系，运用多种信息手段促进信息传播，发挥多媒体在社区治理方面的优势和作用。13社区网在这一方面也做出了有益的实践。除了微信公众平台的建设，13社区在2016年实现了跨越式发展，以"网聚邻里 共建幸福"为运营主题，以做街道乃至全市最具影响力与实用性的社区全媒体为运营目标，初步形成了1个中心N个平台的格局。

一个中心即13社区全媒体运营中心。中心功能包括：社区全媒体内容策划、制作、分发平台；"互联网＋党建"宣传发动中心；社区内线上线下活动策划与执行小组；邻里社交、社群运营俱乐部及客服中心；"线上一刻钟服务圈"供需对接平台。N个平台包括社区报、微信公众号、13社区网、13社区微博、百事通App、掌上系列社区微信号、掌上头条号、掌上企鹅号、掌上一点资讯号等。

1个中心N个平台的构建，是S社区依托互联网信息技术，推进社区治理向全媒体化迈进方面跨上的一个新台阶，是当前顺应信息化的潮流做出的正确选择。社区的全媒体化，不仅在"人人都是自媒体"的今天为社区居民提供了一个发表意见、得知信息的平台，也便利了社区的管理，节约了社区治理成本，为社区的长远发展打下了良好的基础。

在 13 社区全媒体化的大背景下，社区的线上线下活动得到了良好的沟通和交流，线上活动是线下活动的体现，线下活动是线上活动的延伸。通过这种上下互通的双向信息互动，S 街道实现了社会治理中服务诉求与活动内容的直接对应，从而体现出了"线上活动常态化""线下活动品牌化""创新活动特色化""资源带动共享化"的具体特征。

二、线上活动常态化——搭建有效的线上互动平台

为了提供多样化的活动内容，13 社区的线上活动坚持每周更新，如每周固定的"试吃团""答题抢福利"等活动，将线上活动纳入全媒体化的大背景中，以全媒体化为工具，以线上活动为载体，以社区居民为主体，促进活动形式的多样化、活动开展的日常化、活动动态的常态化和活动通知的经常化。

线上活动常态化是充分利用全媒体化平台的基础，多样的线上活动不仅有助于为线下活动的开展积累经验，促进活动的品牌化进程，也能够凸显出活动的社区特色，便于社区之间活动的沟通与共享，从而推进资源共享的一体化。调研数据显示，在 S 街道，掌上社区的居民普及度和使用度相对较高，有超过 70% 的居民使用过掌上社区，这说明普及度非常高。

S 街道线上活动的成功主要得益于其常态化的实践，这种常态化既是指社区各类活动的日常化、多样化，也是 S 街道长期坚持这一治理方法并取得了显著成果后形成的日益常态化的治理路径。这种线上活动的常态化，一方面是当地网络互动平台的运营与管理日趋成熟的表现，另一方面也是 S 街道知名度、社会影响力逐渐增大，对周边居民社会吸引力越来越强的具体表现。S 街道的这种常态化的线上活动主要反映出在现代社会中社区治理网络化这一路径逐渐成熟、逐渐常态化的趋势。

三、线下活动品牌化——举办多样的线下交流活动

通过全媒体化，13 社区将线上活动与线下活动结合起来，在线上活动日常化的同时，也走出了一条线下活动品牌化的道路，打通了线上线下的沟通渠道，举办了多样化的线下品牌活动，如微春晚、生肖设计大赛品牌活动等均取得了良好的效果。第二届微春晚吸引了 5 万人次参与投票，第三届微春晚节目投票开始仅 3 天参与人次就已破万。生肖设计大赛一个月吸引了近千人次现场投票、上万

人次微信投票。其中最有特色的活动之一是打造了"过精彩假期，做美德少年"这一品牌项目，获得了广泛的好评。

"过精彩假期，做美德少年"青少年社会实践活动获得2016年首都文明办颁发的首都未成年人思想道德建设创新案例提名奖。作为社区教育、社区动员的品牌，该项目在全区召开的未成年人思想道德工作大会上进行了经验交流。2016年寒假、暑假期间开展的10大类37项221场主题实践活动累计有8000余人次参与。在项目内容设计上，2016年又创新推出了"社区小课堂"公益课程，实现了假期托管功能，让本地青少年以及困难家庭子女、务工人员子女都能享受到高质量的公益趣味课程。孵化出的"明星专家志愿团"成为将高端社会教育资源引入社区、为地区居民提供公益社区教育的有益尝试。根据假期不同特点，街道策划了针对性强的社会实践活动，逐渐形成了寒假实践活动以"仁义礼智信"为核心，注重青少年思想道德教育，弘扬传统美德，突出"年味""家味"，塑造知礼仪懂文明的美德青少年；暑期实践活动以"德智体美劳"为核心，注重青少年课外素质教育，培养青少年动手能力、实践能力、沟通能力，突出"职业体验""特长培养"，塑造善学习勤实践有自信的明星青少年。这些活动呈现出辐射范围广、动员力度大、参与热情高的特点。

13社区这一品牌化的线下活动，不仅丰富了学生的假期生活，更将社区与社会资源相对接，形成了社会实践的合力，在提高教育水平和深化教育方式转变的基础上扩大了社会动员的影响力和影响范围，引发了社会各界的关注，取得了良好的效果。

四、创新活动特色化——深化特色社区服务项目

利用13社区的线上影响力，当地社区还组织开展并深化了一系列社区特色服务项目，如深化"幸福社区卡"项目，开展了邻里百家宴、邻里庙会、"益起来"公益年系列活动等十余项活动，促进了院街商户与居民的沟通，建立了互信平台。此外，参与主体也日益多元化，如五星光大集跳蚤市场、七夕白领复古联谊会等活动，在儿童、老年群体参与的基础上，吸引地区青年白领参与，丰富了粉丝群体。通过一系列的特色社区创新活动，S街道在进一步丰富活动多样性的同时，也完成了利用线上线下结合的平台推进社区特色文化建设的过程。

S街道丰富的特色社区服务活动是以社区的具体情况为出发点，以社区发展总体目标为导向而精心设计的，从其多样的社区活动中可以看出，活动的设计和举办体现了覆盖人群广、现实针对性强、群众参与度高、社会反响好的特点。而这些活动的设计和筹办都与互联网这一有效的平台密不可分，同时，这些活动也

紧紧围绕着社区特色文化建设这条主线。S街道的这一经验体现了全媒体化的网络化治理在日益成熟，在未来必将成为现代化社区建设的一个大趋势。

五、资源带动共享化——动员周边的社会单位组织

13社区利用上述几个优势，积极动员辖区内的各家单位开展活动，同时也与区域内的各种文化机构、教育机构以及公共服务机构等进行沟通交流，吸引物资人才支持，为本社区内的居民生活发展谋求利益。

如前所述，13社区通过各类活动动员辖区超过500家单位组织支持活动，倾斜资源，如动员区域内6所中小学校，以及国家食品安全风险评估中心、今日美术馆、垂杨柳医院、百安居、中影票务通、全聚德、四世同堂等百余家知名企业单位提供场地、人才、物资等支持，数万名居民享受到了福利。

13社区这一线上与线下的交流融合平台通过打通线上线下双方的沟通渠道，最大限度地激发了社会的活力和创造力，最大限度地促进了社区居民对社区事务的参与。这一做法既结合了时代的背景，也结合了社区的优势，既发挥了线上沟通的便捷性、有效性的优点，也引导了社区居民的广泛积极参与，既体现出S街道特色的治理经验与治理方法，也对其他社区具有一定的借鉴意义和普适性。

第四节　网络化治理路径的S街道经验

S街道结合时代发展要求和社区工作实际，运用"互联网+"思维进行社区治理的创新性实践，构建了具有S街道特色的"一网五中心"模式以及线上线下交流互通的平台，推出了13社区网、"掌上社区"微信公众号和"一中心N平台"等众多的特色平台，举办了以"过精彩假期，做美德少年"等活动为代表的一系列经典的品牌线下活动，通过一系列努力形成了具有地方特色的网络化的社会治理路径，在取得良好效果的同时，也体现出了以下主要的经验，值得借鉴和参考。

一、突破传统社区治理模式，构建多元的网络化治理载体

S街道构建的"一网五中心"社会动员支撑体系中，"一网"即13社区网成为"五中心"的支撑和链接五个社会动员中心的重要中介。这种多元化的社会动员体系的构建，既是运用"互联网+"思维进行社区治理的表现，也是尝试打破

传统治理模式的一次实践。

传统的社区治理模式最突出的一个特点就是自上而下的直接治理，结果却是政策要求越严格，反而越容易造成社区居民和住户的不满与抱怨。这种传统社区治理模式的根本缺陷在于无法打破这种自上而下的治理方式和手段，使得社区治理充满了权力和支配的特点。随着改革开放以来人民生活水平的日益提高，人们对于社区治理的方法和手段创新的要求也越来越强，基于传统的权力控制模式的社区治理理所当然会招来越来越多的不满和抗议，因此需要寻找一个作为传统治理模式替代品的体系来进行更好的管理。与改革开放同时到来的是信息时代，因此作为信息时代最重要特征之一的互联网也理应被纳入社区治理方法的框架中来。

相比于传统的治理模式，新型的社区治理模式最大的特点就在于充分运用了互联网这一信息时代的工具，在扩大信息来源和传播渠道的同时，将原本属于上层的功能逐渐分化和扁平化，从权力集中逐渐向功能共担转变。加之近年来我国更加重视并不断推进基层民主建设，在社区内通过居民委员会等组织进行城市居民的自治，因此民众对于自治权力的认识在国家的倡导下也上升到了一个新的高度。为了顺应这一趋势，S街道构建的"一网五中心"模式为处于基层的民众提供了一个发表自身看法和意见，寻求居民自治、自我管理的途径和空间。

S街道以互联网为载体，以传统的社区治理体系为突破口，通过"一网五中心"的模式，构建了一个多元化的、有效的社会动员体系，相对于传统的社区治理模式和动员体系，这一体系具有信息传递效率更高、受众人群范围更广、社会动员效果更好的优势。S街道取得这一成功的一个重要原因就在于引入了互联网思维，创新了治理体系的载体。

二、利用信息时代网络优势，构建线上线下社区互动路径

在如今这个"人人都是自媒体"的时代，网络早已成为人们生活中不可或缺的一部分，近年来我国的网民数量更是在以极快的速度上升。越来越多的人都处在一种"生活在线上"的状态。S街道正是利用了现代居民的这一特点，通过微信这一极具影响力的平台，辅之以微博、网站等多元化的模式，将社区治理纳入网络化的模式中，在无形中提升了居民对社区治理方式的认可程度和满意程度。

线上社区治理的优势在于信息传递和发布的便捷性，可以最大限度节约信息发布的成本和对人财物力的消耗；但是居民作为社会中的人，具有很强的社会性特征，而社会性特征最明显的一点表现就在于有与其他社会成员进行沟通和互动的需要。虽然网络世界对越来越多的人的生活产生了重要影响，占据了人们大量

的时间，但是网络作为一种虚拟的社区，不可能从根本上取代现实中社区的地位。无论一个社会成员在多大程度上依赖于网络，只要其人格健全，是一个社会中正常的成员，就不可能脱离对社会互动的需要。面对面的社会互动作为一种最基本也是最有效的互动形式之一，不可能从人们的生活中完全消失。在社区治理中也是一样。如果仅仅从"互联网＋"的思维入手，只注重线上虚拟形式的互动和交往，而忽视了线下面对面的直接互动在人们生活中的重要地位，也不可能将社区治理做到最好。因此应该给予线上互动和线下互动同等的重要地位。甚至在某种程度上可以说，线上互动和交流只能作为线下互动的一个"预互动"和准备，真正对人们产生重要的直接影响的还是线下的互动行为。

S街道显然已经深刻认识到了线上交流和线下互动的辩证关系，建构了线上和线下的辩证统一的互动体系，线上作为信息发布和信息沟通共享的平台，线下作为实际交流和互动的场所，将二者有机结合起来，不仅最大限度地进行了社会动员，也为面对面的直接互动提供了一个重要支撑平台，是一次成功的创新实践。因此，通过引入互联网来改善社会治理的体系，最重要的一点就在于将互联网的线上互动和具体的线下互动相结合，不能有所偏废。构建线上线下社区互动体系模式，就是要以线上沟通为路径，以线下交流为载体，发挥线上信息便捷的优点和线下互动直接性的优点，以达到线上和线下的沟通优势互补。

三、打通线上线下沟通渠道，完善线上线下融合互动平台

线上互动和线下互动一直以来都不是也不应该是两个互相孤立的部分，在构建线上线下社区互动体系模式的同时，就应该对两者的优劣及相互关系有一个明确的认识和定位。二者之间应该是优势互补、互相促进、你中有我、我中有你的关系，而不是互相对立的二元关系，只有认识到了这一点，才能够正确地发挥出二者各自的作用。

线上和线下的沟通一旦出现了问题，就会导致二者之间的彼此孤立，或只重视线上沟通而忽视线下见面，或只进行线下互动而少了线上准备，无论哪一种都不可能达到最佳互动效果。线上的互动归根结底是之后的线下互动的准备，这个准备涉及的是彼此之间信息的了解、相互之间关于线下互动目标的确定和认同等，只有确定了这些内容，线上的互动才能达到最好的效果。但是将线上互动与线下互动结合起来的一个很关键的因素在于需要一个线上和线下之间的联系纽带，这个纽带一旦断裂，无论线上互动准备得多么充分，最终都会因为无法在线下活动中得到具体的实行而显得有所不足。建立一个完善的链接二者的纽带，不仅有利于互动的正常完成，更利于提高互动效率，增强互动效果。

总之，社区的治理模式和服务方法便是链接线上互动与线下互动最重要的一环，社区在互动中承担的角色在很大程度上影响甚至决定了线上与线下的互动是否能够良好地进行，二者之间互动关系的联系渠道是否能够被打通。S街道在治理过程中治理决策者和规划者发挥了重要的作用，不仅构建了线上线下的互动平台，更重要的是作为一个中介者，打通了二者之间的互动渠道，线上发布信息和通知，线上报名参加，组织线上团体，最终进行线下具体的互动实践。这一套完整的社区治理模式的逻辑体系，以及坚持街道管理者在构建线上线下互动体系过程中的体系构建者和体系联系中介者的地位，是S街道治理网络化路径创新获得成功的又一个重要经验。

第七章

精细化治理：S 街道社会治理方式创新

社会治理精细化，就是在社会治理的过程中引入精细化这一管理理念，使用最低的成本和更加专业的治理手段，实现更加优质、更加关注细节和更加人性化的治理效果。本章主要通过 S 街道具体的社区治理方式，分析当地在治理过程中根据其街道社区本身的特点总结出的一套适合自身发展的精细化治理模式，即"一路两街三片"城市管理精细化模式，以实现城市管理、社会治安、社会动员融合发展为目标，全面提升城市管理的精细化、科学化水平。

S 街道的社会治理精细化模式立足群众的真实需求，重视群众的广泛参与，强调协商共治与社会治理精细化、协作化相结合，并创新社区的网络化治理，充分利用互联网这一媒介，衔接线上线下，更进一步创新了社区的治理体系，实现了以人和人性为中心，以尊重人、关爱人、保护人、规则为人服务作为社会治理精细化价值导向，让治理成果更多地惠及街道辖区广大居民群众，使其成为最大的受益者，提升其幸福感和满意度，助推基层社区的和谐发展，体现并推动了 S 街道治理的精细化发展。

第一节　当前我国社会治理的精细化要求

一、社会治理精细化的基本含义

2015 年党的十八届五中全会公报提出"加强和创新社会治理，推进社会治理精细化"的政策要求。社会治理精细化理念的提出，是中国共产党在社会治理理念上的巨大进步，这不仅对切实提高社会治理水平提出了全新要求，也为社会治理的创新指明了方向。"精细化"① 这一管理理念是在现代工业化时代出现的，

---

① 马友乐：《社会治理精细化：科学内涵、基本特征与现实依据》，载于《领导科学》2016 年第 35 期，第 54～56 页。

其最早是在 20 世纪 50 年代由日本的企业提出，因其能取得高效率而得以迅速推广到其他国家的企业，甚至是政府部门。精细化是建立在常规管理基础之上，并且将常规管理引向深入的基本思想和管理模式，是一种以最大限度地减少管理所占用的资源和降低管理成本为主要目标的管理方式。社会治理精细化，"就是在社会治理的过程中引入精细化这一管理理念，使用最低的成本，更加专业的治理手段，实现更加优质、更加关注细节和更加人性化的治理效果"①。最近几年，关于社会治理研究文献日益增多，不少学者的文章也开始关注"将精细化治理理念引入政府管理中"这一主题，但是这些文章大多倾向于政府管理精细化，对于社会这一领域如何精细化治理并没有给予足够的重视。其实对于一个国家的治理来说，社会这一领域具有举足轻重的地位，因为在当今中国社会转型进入新时期，社会生活结构正在持续发生变化，社会利益也日益多元化，价值取向更趋多样化，社会问题也表现得日益复杂，这需要国家、政府和社会的协同推进。

二、社会治理精细化的基本特征

（一）治理主体：具有多元化和协作化特征

社会治理精细化具有多元化的特征。② 社会治理精细化是公共权力调整规范、自治力量培育和民生法治保障的过程，为此，必须坚持完善党委领导、政府主导、社会协同、公众参与、法治保障的体制机制。其中，党委是推进社会治理精细化的领导核心和根本保证，政府是主导者和服务者，社会组织是新兴主体和中坚力量，社会公众是依靠者和主力军。③ 因此，多元化是社会治理精细化的鲜明特征。

社会治理精细化具有协作化的特征。协作（协商和合作）是多元化主体推进社会治理精细化的基本途径和权力运作模式。协商是各利益相关者依法依规对社会公共事务在商讨和对话的基础上，达成公共利益最大化、最优化的过程，是新时期社会治理特别是基层社会治理的时代诉求和民主方式。合作是各利益相关者以法律和规范为依据，在协商和互信的基础上，对社会公共事务进行共同治理的活动。协商和合作的依据均为法律和规范，规范包括行业规章、团体章程、乡规

① 姜晓萍：《国家治理现代化进程中的社会治理体制创新》，载于《中国行政管理》2014 年第 2 期，第 24～28 页。

② 王欢：《社会治理精细化的生成机制及实现方式》，载于《北方经贸》2016 年第 4 期，第 29～30 页。

③ 陈思：《社会治理精细化背景下社会组织效能提升研究》，载于《理论月刊》2017 年第 1 期，第 147～150 页。

民约、市民公约等。① 政府、社会组织、社会公众等治理主体，虽然各自的角色和作用不同，但在法律地位上是独立的，在话语权上是平等的，在关系上是协作的。协作化治理模式昭示着社会公共权力的运作已不是自上而下的单一模式，而是多向、互动的多元模式。

（二）治理方式：具有法治化和人文化特征

法治化是社会治理精细化的基本属性和重要保障。② 法治是依照法律和规范来治理国家和社会，法律和规范体现了一定社会区域内大多数人的意志和意愿，于是，公共权力运行得到制约和规范，公民权利行使得到保障和维护。

人文化是社会治理精细化的血脉精气和精神依托。③ 社会治理精细化的主体、目的和依靠均为人。人创造了文化，文化也在塑造着人，人需要文化来开化、滋养、规范和引领，即"以文化人"。因此，在推进社会治理精细化过程中，必须创新和优化"以文化人"的方法途径与社会氛围，逐步夯实人的人文底蕴，提升人的人文素养，培育人的人文精神。在当代中国，特别需要以社会主义核心价值观来"化人"，④ 使正向价值观内化为人们的精神追求，外化为生动的行动自觉。

（三）治理过程：具有刚性化和柔性化特征

社会治理精细化是一个刚性化的过程。⑤ 在这个过程中，以规则和效益为中心，具有鲜明的工具理性，必须按章办事，不可调和，不可通融。这是实现社会治理精细化的物质基础和物质保证。从治理依据看，社会治理精细化是法治化和规范化的过程。⑥ 社会治理精细化的治理依据主要是各种法律法规和社会规范，它们在形式和内容上是成文确定的，是个人或少数人不可以随意变更的。同时，在实施和执行上具有强制性和惩戒性。从治理标准看，社会治理精细化是标准化和程序化的过程。⑦ 社会治理精细化在成本计算、绩效考核、信息技术、运作程序、岗位设置和专业素质等方面，必须严格按照既定标准设计和运行，真正做到又精又细、又准又严。

---

① 杨团：《中国的社区化社会保障与非营利组织》，载于《管理世界》2000 年第 1 期，第 111～120 页。

② 马友乐：《社会治理精细化：科学内涵、基本特征与现实依据》，载于《领导科学》2016 年第 35 期，第 54～56 页。

③ 王喜、范况生、杨华、张超：《现代城市管理新模式：城市网格化管理综述》，载于《人文地理》2007 年第 3 期，第 116～119 页。

④ 何军：《网格化管理中的公众参与——基于北京市东城区的分析》，载于《北京行政学院学报》2009 年第 5 期，第 89～92 页。

⑤ 韩伟：《社会治理需要遵循民主法治导向——对基层社区网格化社会治理的反思》，载于《理论导刊》2016 年第 1 期，第 48～51 页。

⑥⑦ 王欢：《社会治理精细化的生成机制及实现方式》，载于《北方经贸》2016 年第 4 期，第 29～30 页。

社会治理精细化又是一个柔性化的过程。这个过程以人和人性为中心，具有鲜明的价值理性，必须尊重人，关爱人，保护人，规则为人服务。这是实现社会治理精细化的价值导向和精神保证。从治理目的看，社会治理精细化的目的是实现好、维护好和发展好广大人民群众的根本利益和切身利益。① 所以，在制定、贯彻和执行刚性规则时，又要以便民、利民和惠民为原则。从治理依靠看，社会治理精细化的依靠是人，这将涉及人的尊严、情感和素养等问题。② 因此，必须推行柔性化管理和柔性化服务，赋予权力以责任，赋予规则以人性，赋予行为以德性。

（四）治理效果：具有高效化和善治化特征

社会治理精细化，相对于传统的社会治理，具有高效的治理效果，即在相同的时间内完成更多的任务或完成相同的任务花费更短的时间，而且质量有保障或更好。在高效的社会治理状态下，人们将获得快捷、便利、温馨、规范的切身体验，于是人们的获得感、幸福感、归属感和满意度将不断得到满足和提升。

善治是社会治理精细化的最终状态和目标导向，③ 是社会或社会某一区域处于自治与和谐的状态。在这个状态中，"所有公共政策的利益相关方都从这项政策中获益，所有利益相关方的整体利益达到了最大化"④。同时，善治是一种理性的治理，是工具理性和价值理性的统一，人们既注重对社会治理的有效性、合理性和高效性的追求，同时，又关注人的生存与发展，呵护人的尊严，关爱人的命运，谋求人的福祉，改善人的体验。

三、当前我国提出社会治理精细化的现实依据

（一）利益诉求多元化与失范性

随着我国改革开放不断深化和经济社会快速发展，社会分工越来越细，越来越精，不断涌出新的行业与新的领域，社会结构日趋复杂，社会阶层也随之发生分化。不同的社会阶层由于财产收入、社会背景、教育程度、价值观念等不同，

---

① 杨光飞：《网格化社会管理：何以可能与何以可为》，载于《江苏社会科学》2014 年第 6 期，第 37～42 页。
② 柯尊清：《网格化社会服务管理的优势、问题与展望》，载于《安徽行政学院学报》2013 年第 4 期，第 101～104 页。
③ 姜晓萍：《国家治理现代化进程中的社会治理体制创新》，载于《中国行政管理》2014 年第 2 期，第 24～28 页。
④ 罗凌云、风笑天：《论第三部门与我国社会保障社会化模式的发展》，载于《社会》2001 年第 4 期，第 24～27 页。

对自身利益诉求也不尽相同，呈现多元化趋势。同时，我国逐步由封闭社会向开放社会过渡，开放社会是"一个开放、人道、文明、个人本位的社会，是一个崇尚平等、理性与自由的社会"①。人们的公平意识、维权意识、法治意识不断增强，对最直接最现实的切身利益越来越在意、越来越关注，对幸福生活愿景的追求越来越强烈、越来越迫切。然而，当前我国公民利益诉求渠道依然比较少、比较窄，且不畅通、不规范。当人们的利益诉求得不到及时回应和解决时，就会产生不满和怨气。② 政府是社会治理的主要承担者和责任人，人们自然而然把不满和怨气汇集于政府头上，政府面对日益多元化的利益诉求，不堪重负，往往心有余而力不足。因此，推进多元共治、规范自治的社会治理精细化势在必行。

（二）社会问题复杂化与敏感性

随着我国改革进入深水区和关键期，社会问题不断涌现，且错综复杂。社会问题有广义与狭义之分。广义的社会问题是指发生于社会生活领域的一切问题，这是任何国家在任何时代都会存在的问题。狭义的社会问题是指受社会部分成员或全体广泛关注，对他们的生存和发展将产生不良影响，必须依靠公共力量才能解决的问题。不同的国家在不同的时代将面临不同的社会问题。当前我国狭义上的社会问题日趋复杂化，如教育公平问题、医疗社保问题、就业住房问题、收入分配问题、食品安全问题、环境污染问题、腐败公正问题等。在此特举流动人口问题作为例子，这是因为，流动人口作为最活跃的生产要素之一，在积极促进产业结构调整、经济发展、社会变迁的同时，也引发了城市就业、住房、治安等一系列问题。当前，流动人口变动呈现出新的趋势③：从总量构成上看，新生代流动人口成为主体，流动人口正经历代际更替；从迁移模式上看，家庭化迁移成为主体模式；从收入来看，收入稳步提升；从就业需求来看，由生存型向发展型转变等。调查显示，流动人口最关注的是就业，住房、医疗卫生和社会保障、贫困等问题也备受关注。其中，居住问题是流动人口进入城市必须面对和不得不解决的问题。《中国流动人口发展报告（2010）》指出，住房开支是流动人口在外生活开支的主要部分。依据在城市的居住类型可以将流动人口大致归为三类：一是租住于"城中村"或城市边缘地区（城乡接合部）的流动人口，他们一般收入较低、工作不稳定、负担能力弱，该聚集区私搭乱建严重、基础设施薄弱、环境卫生恶劣、治安混乱，集中了大部分低收入的流动人口；二是居住在雇主或单位

---

① 马友乐：《社会治理精细化：科学内涵、基本特征与现实依据》，载于《领导科学》2016年第35期，第54~56页。

② 赵语慧：《网格化管理与政府职能定位》，载于《人民论坛》2013年第2期，第66~67页。

③ 刘铮、马爱荣：《中国城镇化进程中的流动人口问题》，载于《黑龙江社会科学》2015年第5期，第62~65页。

提供的工棚或集体宿舍的流动人口，一般从事建筑业或制造加工工业，以未婚流动人口居多，其居住环境封闭、独立，与城市文明接触少，基本游离于城市主流社会之外；三是在城中租房或居住在城市雇主家庭中，前者主要是收入较高的流动人口，后者则主要从事家政服务行业，只有很少一部分流动人口在城市拥有住房。同时，流动人口的社会保障问题也是一个急需加强关注的问题。对流动人口来说，社会保障不仅是"稳定器""调节器"，更具有防控风险、积累资本等功能。目前，流动人口的社会保障以户籍为依据大致分为三类：流动人口纳入城镇基本保险制度的"城保"模式、流动人口纳入原住地农民基本保险制度的"农保"模式，以及各地专门针对流动人口社保进行试点管理的"综保"模式。三种模式在制度设计、筹资水平、统筹层次、待遇水平等方面差异化明显，不同区域间也难以有效转移接续。目前，流动人口的社会保障整体参保率不高，参保水平较低，既有的流动人口社会保障制度暴露出严重的"碎片化""便携性差"等问题。人们对这些社会问题越来越敏感，期盼其能得到尽快而有效的解决。由现存的社会治理体制机制所决定，解决这些问题的责任自然又落到政府肩上，政府成为人们关注和议论的焦点。因此，推进全覆盖与高效化的社会治理精细化迫在眉睫。

（三）治理模式传统化与不适性

在利益诉求多元化与失范性、社会问题复杂化与敏感性等环境下，我国社会治理模式却呈现较浓的传统色彩，出现了一些不适应性：① "'维稳'诉求大于'维权'诉求，导致社会治理的价值理性迷失；'即兴式'举措多于制度规范，导致社会治理体制的法治保障不足。"② 因而传统的社会治理模式具有以下不足：其一，社会治理主体单一且不堪重负。③ 政府是社会治理的责任承担者，广大民众往往是旁观者或抱怨者。由于一些社会问题没有及时得到有效解决，导致仇官的社会心理大有市场。其二，社会治理方式粗放、随意，缺乏全覆盖、规范化。面对日益复杂的社会问题和日益繁重的社会事务，政府往往只能凭经验抓重点和热点。哪里有险情，就到哪里救险。这样的社会治理方式必然会产生死角和短板，无法实现全覆盖，同时经验性的政府行为也常常成为社会矛盾生成的温床。④ 其三，治理导向工具性，缺乏人性化。传统的社会治理把维稳当作头等大事，忽

---

① 韩伟：《社会治理需要遵循民主法治导向——对基层社区网格化社会治理的反思》，载于《理论导刊》2016 年第 1 期，第 48～51 页。

② 柯尊清：《网格化社会服务管理的优势、问题与展望》，载于《安徽行政学院学报》2013 年第 4 期，第 101～104 页。

③④ 姜晓萍：《国家治理现代化进程中的社会治理体制创新》，载于《中国行政管理》2014 年第 2 期，第 24～28 页。

略或淡化人的社会体验和社会诉求。因此，推进协同化、法治化、规范化、人性化的社会治理精细化刻不容缓。

（四）战略导向现代化与延承性

社会治理精细化本质上也是社会治理现代化。社会治理现代化就是在社会治理实践中，在继承和创新传统要素的基础上，用现代要素不断改造传统要素，使社会既充满活力，又安定有序，能够较好地适应时代发展和民众诉求。在当代中国，科学、民主、法治、公正、自由、平等、人本、自治、善治等便是社会治理的现代要素。[①]

社会治理精细化是社会治理现代化的话语转换和话语替代，目的在于强调社会治理的精准性、高效性与个性化，与社会治理现代化在内涵上具有一致性。新中国成立后提出实现工业、农业、国防、科学技术现代化战略目标。改革开放以来，党提出"把我国建设成为富强民主文明和谐的社会主义现代化国家"的宏伟战略。新时期，党的十八届三中全会提出"第五个现代化"的战略构想，即推进国家治理体系和治理能力现代化。党的十八届五中全会又提出"推进社会治理精细化"的战略构想。由此可见，推进社会治理精细化是我国现代化战略的细化与传承，是社会治理创新的重要内容。

第二节　社会治理网格化的发展与经验

一、社会治理网格化的起源

网格化是社会治理精细化的实际体现，网格化治理的发展能够反映我国社会治理精细化的趋势。其基本做法是在城市"区—街、道—社区"的管理层次与组织构架基础上，依据辖区面积或常住人口数量等指标，将管理区域划分为单元网格。同时，借助数字化技术以及相应的制度手段建立起以网格为基础的，综合资源配置、信息收集、公共服务与事务处置等功能的一体化管理机制。

网格化社会治理是近年来各地颇为关注的一种做法，但它的提出及运用，并非在"社会治理"现代化背景下，而是在"社会管理"与"维护社会稳定"模

---

① 潘德勇：《我国社会治理模式选择的理论基础与现实依据——以网格化管理为视角》，载于《湖北经济学院学报》2014年第6期，第76~83页。

式下形成的，并借由"社会治理"创新继续推进。

根据现有资料，较早提出并运用"网格化管理"的是北京市东城区。早在2004年，该区即以精细化的工作理念，首创了城市网格化管理模式，创新提出了"精细化管理、人性化服务、规范化运行、信息化支撑"①的网格化社会服务管理目标，将现代化信息技术与传统管理方法融合兼用，将社会群众的力量与专业组织的力量协调整合。随后，上海市、浙江省东阳市等地基层社区、村镇相继开展了网格化社会管理的尝试，并形成管理型、参与型等多种模式。

然而，在网格化管理发展中，也产生了发现与处理问题、考核与监督机制、法规与管理体制等方面的问题，阻碍了网格化管理效能的发挥②。当前基层社会治理背景发生了极大的转变，一方面，以移动互联为中心的信息化技术飞速发展，推动着社会治理的信息化，另一方面，在国家治理现代化背景下，社会管理模式开始向社会治理模式转变，政府自上而下的单一管控开始向政府、社会多元主体参与的模式转变。网格化社会治理正是在这一大背景下形成并发展的。

二、网格化治理的实质就是精细化

网格化社会治理模式看起来十分新颖，不仅推动了社区治理的单元化，还融入了信息技术，因此相关研究也多视其为基层社会治理的一种革新，认为其实现了常态化、长效性，优化了流程和机制③，建立了监督评价体系。然而究其实质不难看到，网格化治理具有对社会各层面更加精细化管理的倾向，实际上是将街道之下的社区再一步细化，以若干栋住宅楼作为一个"网格"，为每个网格配备相应管理者。所以说，网格化治理的实质就是社会治理精细化。

这一思路和做法其实早已出现在中国两千年的行政管理历史中。自秦汉起，中国就奉行"编户齐民"的社会管理措施④，人民在国家的生产体之中，基本上作为国家的劳动力，为出生地的户籍所束缚，没有迁徙自由。编户制的初衷虽然着眼于土地税收，但它却常常与"连坐制"杂用，实际上更利于强化对社会的管理，进而实现国家的稳定。然而，秦朝打破"家"的伦理秩序，建立依靠法令的

---

① 北京东城区信息化工作办公室：《北京东城区网格化的工作模式 精细化的城市管理》，载于《信息化建设》2011年第9期，第10～12页。

② 李鹏、魏涛：《我国城市网格化管理的研究与展望》，载于《城市发展研究》2011年第1期，第135～137页。

③ 文军：《从单一被动到多元联动——中国城市网格化社会管理模式的构建与完善》，载于《学习与探索》2012年第2期，第33～36页。

④ 刘俊文：《日本学者研究中国史研究论著选译（第三卷·上古秦汉）》，中华书局1993年版，第682页。

全面社会管制，其结果恰恰走到社会稳定的反面。[①] 秦朝的个体更强调其内化于家庭，作为"家""行伍"的重要元素，刑罚中连坐制度的大肆推广，明确将个体规制于法的规范内而无所遁形。如此，个体不仅是王权的臣服者，也是顺民理论的驯化对象，自身存在的意义完全丧失。明清以来，编户制开始走向极端化，保甲制开始出现。顺治元年清王朝颁布律令：凡保甲之法，州县城乡十户立一牌头，十牌立一甲头，十甲立一保长。[②] 康熙年间再度重申了保甲制：弭盗良法，无如保甲，宜仿古法而用以变通。很显然，这里保甲旨在消弭盗贼，实现社会安定。这一目标在民国更为明显，阎锡山在山西推动村治，通过"编村定制"建立严密的行政网，目标很明显："毒莫胜于鸦片，村制行，则揭告有人，查察易周"，"蠹莫大于游民，村制行，而干涉有人，综核最密"[③]。民国实行行政制度改革，保甲制名义上已经不存在[④]。在民权意识不断上升的清末民初，与"连坐"紧密联系的保甲制，已经难以让有识之士欣然接受，人们开始对其提出各种辩难。

当代社会的网格化社会治理应做到以下几点：一是需要充分发挥政府公共管理职能，充当好其"掌陀者"和服务者的角色，能由市场、社会办的事情交给市场和社会办。二是加强网格化队伍建设，不但要拓宽队伍范围，而且要通过学习培训，提高人员素质，使网格员能够真正成为政策法规的宣传者、社情民意的收集者、邻里纠纷的调解者、群众办事的服务者。三是提高人民群众的参与度。鼓励和支持群众开展互助服务，发挥群众自我管理、自我参与的作用。四是加大经费投入。政府应有专项经费保障网格化管理的顺利推行。同时，建立和完善优惠政策引导社会资金进入公共服务领域，通过政府购买社会组织服务等方式提供多元的公共服务。五是完善网格化管理的三大核心要件，即网格的划分、信息平台的建设以及现代管理技术的应用。六是加强网格化管理的制度建设，包括相关法律制度、部门联动制度、考核评价监督制度等，以保障网格化管理的有利推行。

三、社会治理网格化的实践范例

（一）山东枣庄市市中区的实践[⑤]

枣庄市市中区曾经是市政府驻地，属于老城区。截至 2013 年底，枣庄市市

---

① 赵晓耕：《中国古代法制史专题研究》，中国人民大学出版社 2014 年版，第 51~52 页。
② 于建嵘：《岳村政治》，商务印书馆 2011 年版，第 61 页。
③ 韩玲梅：《阎锡山实用政治理念与村治思想研究》，人民出版社 2006 年版，第 210 页。
④ 钱端升：《民国政制史》，上海世纪出版集团 2005 年版，第 638 页。
⑤ 耿格峰：《社会治理新模式：社区网格化服务管理——以枣庄市市中区为例》，载于《江苏商论》2016 年第 2 期，第 82~85 页。

中区的户籍人口为 52 万多人，158000 多户，城市社区 51 个。[①] 市中区形成了"基本网格—基础网格—单元网格"[②] 的三级网格治理格局。社区被划分为若干个基础网格，500～800 户为一个基础网格；基础网格以片区、楼栋为单位划分为若干单元网格，一般 100～250 户为一个单元网格。枣庄市市中区已经形成基本网格 162 个，基础网格 396 个，单元网格 1144 个，并建立了网格化社会管理办公室，在社区建立了网格化社会管理工作站。为配合社区网格化管理的全面实施，政府每年拿出近千万元经费，按照辖区内每户每年 60 元的标准划拨经费，保证各项工作顺利进行。

枣庄市市中区网格化管理的经验如下：首先，实现制度先行。市中区结合本地实际制定了八条规范的工作制度，确保工作顺利进行。对于网格长、网格管理员、网格协管员分别进行培训，让他们具备良好的职业道德，熟悉业务，履行好各自的职能。其次，广泛参与。在市中区，镇街 2/3 的机关干部下沉到社区，同时也在党委、政府和群众之间搭建沟通的平台，网格监督员由网格"五老"人员（老干部、老教师、老模范、老战士、老专家）、"两代表一委员"（党代表、人大代表、政协委员）等社会公众人物担任，网格民情联络员则由网格内楼院长、物业管理人员、单位（组织）人员、居民代表、志愿服务人员组成。市中区社区网格化管理由社会团体或个体工作者围绕城市管理、教育教学、社会保障、市场秩序等开展工作，有利于收集民情、发现问题、建言献策，促进家庭和谐、社区和谐。

（二）湖北省宜昌市的实践[③]

湖北省宜昌市于 2011 年开始启动社会治理创新，将网格化信息技术与社会治理体制机制创新进行有机融合。宜昌市将中心城区划分为 1203 个网格，将葛洲坝的 28 个社区划分为 218 个网格，对外招录 1000 余名社区网格管理员，网格员是由市区两级政府统一购买服务，在社区网格中专职从事信息采集和综合服务等工作的基层社区工作者。社区网格员每人对应一个网格，并由市政府统一配备 3G 无线信息采集终端——"社区 E 通"，履行信息采集、综合治理、劳动保障、民政服务、计划生育、城市管理、食品安全等 7 项综合信息服务职责。社区网格员动态采集信息，并动员、组织社区志愿者在采集社情信息、反映社区各类问题时发挥重要作用。宜昌市还专门成立了社区网格管理监管中心，中心联合市电子

---

① 枣庄市统计局：《枣庄市统计年鉴（2013）》，中国统计出版社 2014 年版，第 143～145 页。
② 张乔阳：《市中区推行社区网格化管理：将"下面一根针"变"上面一张网"》，大众网，http://zaozhuang.dzwww.com/news/zznews/201408/t20140807_10799108.htm。
③ 郑泽金、张国祥：《城市网格化管理拓展研究——以宜昌市网格化管理为例》，载于《湖北行政学院学报》2014 年第 4 期，第 45～48 页。

政务办开发了"宜昌市社区网格服务管理系统"，先后与市卫计委等进行对接，推进各政府职能部门创新工作机制、再造工作流程，力争破解各部门之间的信息障碍，促进信息数据共享，实现公共服务的无缝融合。

宜昌市网格化治理的经验如下：一是信息平台、网格员、社区志愿者"三位一体"的服务网络。宜昌市利用网格化管理信息平台，发挥社区网格管理员、社区志愿者的作用，收集、发布、比对各类信息，并通过网格员的"社区E通"向辖区居民发送手机短信，进行政策宣传和信息发布。这种由网格员日巡、"E通"短信以及社区志愿者宣讲等组成的新型渠道，不仅提高了各类政策宣传的及时性与针对性，还弥合了传统社区各项便民服务的盲区，使社区志愿者、网格员、社保专干共同构建社区服务网络。二是网格化管理实现了各部门信息协同化。宜昌市建立了人口基础数据库，将70多万常住人口从出生到死亡的信息全部收录其中，与政府多部门共享。宜昌民政信息服务平台建成了包含社会救助、社会福利、社会事务、社会组织、老龄服务、分析决策在内的6大应用系统，也已并入基础数据系统，实现了部门间的信息化，大大降低了各部门在信息传递过程中的差错，也为各部门的信息协同管理提供了信息保障。

无论是山东的经验还是湖北的经验，都是中国特色社会治理模式的"地方经验"，而对S街道的研究虽然落脚于一个城市街道的单元，但是其社会治理创新的经验是能与上述两个案例进行比较分析的。

第三节 S街道社会治理精细化的实践与经验

一、社会治理精细化的主要实践

（一）积极推进精细化的城市管理

近年来，S街道积极打造"一路两街三片"城市管理精细化工程，以实现城市管理、社会治安、社会动员融合发展为目标，对"一路两街三片"开展综合治理。具体来说，"一路"是广渠路，"两街"是天力街和光华北一街，"三片"是将沿线区域划分为西片、中片和东片，以加快形成"一廊两带三区"的功能布局并落实区政府关于广渠路沿线环境整治工作的总体部署和要求，全面提升城市管理的精细化、科学化水平。街道还组建了S街道123综合执法联队，联队由城管队常务副队长及城管队书记负总责，共有56名综合执法人员，其中城管协管队员 15 名，保安队员 41 名，配备 8 辆电动巡逻车。执法人员通过巡逻与盯守相结合的工作方式，以达到"十无四有"的目标，即无违章乱停车、无违章建筑、无"开墙打洞"、无店外经营、无堆物堆料、无道路破损、无暴露垃圾、无乱贴乱挂、无非法小广告、无乱架空线；有"门前三包"责任制落实、有巡查制度、有联合执法、有考核奖惩制度。

城市管理精细化工程以实现城市管理、社会治安、社会动员融合发展为目标，体现了多元化治理的方式，即充分利用社会、政府、群众三方面对街道社区进行治理。"一个统筹、一个辅助、一个参与、一个自我满足"，S 街道社区各个不同的治理主体是属于一个系统的，主体之间的关系并不是互相独立的，而是互相联系、互相配合、统一规划、协同共进的。从社会化动员中心的"一网五中心"模式到社区创享计划的居民提案，从社会志愿服务队的组织培育和项目化服务到"一路两街三片"的城市管理精细化模式，都是在政府的统筹主导下，从居民的需求出发，一方面通过居民提案等方式充分调动社区本身的积极性和创造性，包括社区居民和社区组织，另一方面积极链接社会组织、社会单位、辖区企业等社会力量，将资源进行整合，实现资源共享和成果共享。与此同时，其致力于将"门前三包"责任制落实，多种主体参与社区治理，有利于形成适合社区实际情况的治理格局，帮助社区形成更好的社区环境和社区氛围，更好地满足社区居民的需求，提高社区治理、社区服务的效率和质量。这进一步体现了社区精细化治理的善治化的治理效果，即在这个状态中，所有公共政策的利益相关方都从这项政策中获益，所有利益相关方的整体利益都达到了最大化。

（二）创造性地构建精细化组织体系

首先是部门联动精细化，比如城市管理由街道统筹负责，以整合资源、多方联动、联合执法为手段，城建科、城管执法队、监察科、社区办、食药所、工商所、派出所、安监科、综治办、宣传科、司法所、残联、民政科、信访办、指挥中心、行政办、各社区、各物业公司、各沿街门店等部门互相配合。S 街道在沿广渠路的 7 个社区分别召开了"全民街长"专题共商共治议事协商会，在征集居民建议的基础上，整合社区、社会单位、驻区民警、包片城管队员、工商执法人员、居民 6 方力量，成立了 10 个道路自治管理委员会，即"街委会"，并推选有公益情怀、有参与热情、有组织能力的社会单位代表、党员或是企业负责人为"街长"，及时发现、制止各类问题，并报告、协助有关部门查处相关违法行为等，通过"街长制"将街道和社区整治的主动权下放到社会力量当中。

S 街道实现部门联动精细化及通过"街长制"推进多方参与和精细化治理，体现了协商共治与社会精细化、协作化的结合。S 街道通过健全的自主自治制度、科学规范的组织程序，通过"提出问题—意见分歧—讨论协商—意见统一—组织实施"这种规范化的程序，充分发挥了居民自治的作用，拓宽了居民参加社会治理的范围和途径，使得居民更加清晰地认识到了自己的主体地位，提高了对公共事务的关注度、参与度，这有助于更进一步发挥群众的首创精神，解决自己身边存在的问题。这种方式在很大程度上解决了因居民意见不统一而难以解决社区问题的旧状。

（三）搭建精细化治理地区平台

S街道的各类社会组织在近几年快速发展，社会公共服务实现全覆盖，但同时也不可避免地面临"三复杂"的治理难题。在此背景下，街道通过打造"一网五中心"的格局，建立社会动员中心，一方面可以积极调动各种社会力量，另一方面可以更加高效、高质量地解决社区治理的难题，从而实现更为高效的网格化、精准化治理。"一网五中心"综合平台包括13社区网、区域党建指导中心、社会组织指导服务中心、家庭综合服务中心、公益储蓄中心和社会单位服务中心。这样的综合平台格局实现了交流融合、居民自治、职能转变、组织发展、难题破解，构建了"线上动员与线下动员""常态性动员与应急性动员""行政化动员与社会化动员"相结合的立体动员体系，有效激发了各社会成员的积极性，调动自身资源，形成尽可能广泛的社会联合，协调一致、通力合作、共同努力。通过有效的信息传播、充分的沟通和交流，促使各个单位和组织明确需求和目标、达成共识。

具体来说，S街道近年来致力于打造的"一网五中心"集成服务平台这一基层治理的多终端平台，统筹其余各个中心的工作。在这个过程中，平台既尊重各个中心原本功能的发挥，更依托互联网技术拓展了中心的职能，促进了中心之间的信息沟通，增强了信息传达的效率，充分发挥了互联网在社会动员方面的重要优势。通过建立这样的模式，社区不仅降低了治理成本，而且也使部门之间的分工更加明确，提高了工作的效率，并依托这样的模式举办了一系列线上和线下活动，促进了社区线上与线下有效的沟通与融合机制的建立。

二、社会治理精细化的经验总结

（一）借助新媒体，开辟精细化治理新思路

S街道运用"互联网＋"思维进行社区治理的创新性实践，构建了具有街道特色的"一网五中心"模式以及线上线下的交流互通的平台，推出了S街道13

社区网、"掌上社区"微信公众号等众多的特色平台，举办了以"过精彩假期，做美德少年"等活动为代表的一系列经典品牌线下活动，通过一系列努力形成了具有社区特色的网络化的社会治理路径。在精细化和网络化的基础上，进一步提升了治理实效。

传统的社区治理模式最突出的一个特点就是自上而下的直接治理，结果却是政策要求越严格，越容易造成社区居民和住户的不满与抱怨。这种传统的社区治理模式的根本缺陷在于无法打破这种自上而下的治理方式和手段，使得社区治理充满了权力和支配的特点。S街道以互联网为载体，以传统的社区治理体系为突破口，通过"一网五中心"的模式，构建了一个多元化的、有效的社会动员体系，与传统的社区治理模式和动员体系相比，这一体系具有信息传递效率更高、受众人群范围更广、社会动员效果更好的优势。同时，S街道还重视链接线上互动与线下互动。因此可以看出，S街道取得精细化治理成功的一个重要原因就在于引入了互联网思维，创新了治理体系的载体。当地这一套完整的社区治理模式的逻辑体系，以及坚持街道管理者在构建线上线下互动体系过程中的体系的构建者和体系联系中介者的地位，是S街道社区治理网络化路径创新获得成功的又一个重要经验。

（二）突破传统，协商共治机制助推精细化治理

S街道在实现网络化的"一网五中心"模式以及精细化治理的同时，还根据北京市朝阳区委、区政府《关于统筹推进党政群共商共治工作的指导意见（试行)》的总体部署和要求，实施了党政群共商共治工程。基于现实情况，街道的党政群共商共治工程搭建了"三级平台"，分别是：A类平台（街道议事协商会），共同协商地区重大公共事务；B类平台（社区议事协商会），在社区中进行自治和基层民主协商；C类平台（楼院议事协商会），依托楼院的自治单元格进行优化与重组。在通过入户、《今日社区》报、社区网、街道13社区及其他方式收集居民的需求之后，再通过A、B、C三级平台筛选分类居民的各项提案，在楼院、街道、社区不同的平台上联合居民、社会组织以及政府的力量来解决居民的需求。从多方面更新传统的社区单一治理模式，从社区的多元化角度考虑问题，开创性地开发出多元结合的社区治理模式，更有利于实现对地区的良性治理。

社会治理精细化具有协作化的特征。协作（协商共治）是多元化主体推进社会治理精细化的基本途径和权力运作模式。协商是各利益相关者依法依规对社会公共事务在商讨和对话基础上，达成公共利益最大化、最优化的过程，是新时期社会治理特别是基层社会治理的时代诉求和民主方式。截至2017年底，S街道

依托三级议事平台，共产生楼门级议事代表1252名，社区级议事代表495名，街道级议事代表100名。除了按照科学规范的程序选举出街道党工委、街道办事处代表，社区党委、居委会代表，楼门长代表，居民代表，社会单位代表外，还邀请了辖区、社区、驻楼的各级人大代表、政协委员、党代表、企业代表等加入代表队伍中。街道办事处还发动媒体代表、社会组织代表、专业机构代表等参与并监督共商共治工作。通过广泛科学的民主协商，街道很好地将协商共治与社会治理精细化、协作化相结合，拓宽了居民参加社会治理的范围和途径，使得居民更加清晰地认识到了自己的主体地位，提高了对公共事务的关注度、参与度，有助于更进一步发挥群众的首创精神，解决自己身边存在的问题。

（三）充分发挥居民力量，通过广泛参与加强治理精细化

S街道创新性地试行"街长制"，并成立了10个道路自治管理委员会，即"街委会"。"街长"需要积极参与各项城市环境和社会治理工作，及时发现、制止各类问题，并报告、协助有关部门查处相关违法行为。另外，街道还在地铁站设立了首个"摩拜"智能停车牌，实行"门前三包"。这一系列工作不仅美化了S街道的环境，更重要的是动员了更多社会力量参与到地区治理中来，把生活、工作的地方当作自己的家，人人都是主人，人人可以参与，最大限度地激发了广大居民的参与热情，最大限度地加强了社会治理的精细化程度。

社会治理精细化是一个柔性化的过程，也是顺应现代社会流动性日益增加、日益转变为陌生人社会的现实而出现的。这个过程以人和人性为中心，具有鲜明的价值理性，必须尊重人、关爱人、保护人，规则必须为人服务。这是实现社会治理精细化的价值导向和精神保证。街道群众的广泛参与可以在最大限度上立足于群众的真实需求，转变政府包办的传统观点，将政府主导的为民办实事工作，变成群众主动要求的实事工作，变命令式管理为统筹式发展，变工作中的阻力为助力，让发展成果更多地惠及群众，使其成为最大的受益者，提升其幸福感和满意度，助推地区和谐发展。

第四节　本章小结

近年来，在我国城市基层兴起了一种名为网格化管理的新型社会治理模式。其基本做法是在城市"区—街、道—社区"的管理层次与组织构架基础上，依据辖区面积或常住人口数量等指标，将管理区域划分为单元网格。同时，借助数字化技术以及相应的制度手段建立起以网格为基础的，综合资源配置、信息收集、

公共服务与事务处置等功能的一体化管理机制。

网格化管理的实质就是社会治理精细化。这是因为，随着我国改革开放不断深化和经济社会快速发展，社会分工越来越细、越来越精，不断涌出新的行业与新的领域，社会结构日趋复杂，社会阶层也随之发生分化。不同的社会阶层由于财产收入、社会背景、教育程度、价值观念等不同，对自身利益诉求也不尽相同，呈现多元化趋势，同时社会问题不断涌现且错综复杂，因此在基层中形成了精细化治理的全新要求。

S街道根据其街道社区本身的特点，总结出了一套适合自身发展的精细化社区治理模式，即"一路两街三片"城市管理精细化模式，其以实现城市管理、社会治安、社会动员融合发展为目标，全面提升城市管理的精细化、科学化水平。总结起来，S街道在推进社会治理精细化方面的主要经验如下：第一，借助新媒体，开辟精细化治理新思路；第二，突破传统，协商共治机制助推精细化治理；第三，充分发挥居民力量，通过广泛参与加强治理精细化。S街道的社会治理精细化经验，立足于群众的真实需求，重视群众的广泛参与，强调协商共治与社会治理精细化、协作化相结合，并创新社区的网络化治理，充分利用互联网这一媒介，衔接线上线下，更进一步创新了社区的治理体系，实现了以人和人性为中心，尊重人、关爱人、保护人、规则为人服务的社会治理精细化价值导向，为我国其他地区、城镇、社区街道的精细化治理提供了可行的经验方式。

第八章

民主化治理：S 街道社会治理形式创新

第一节 当前我国基层社区的寡头治理问题

随着我国大规模经济社会变革的推进，20 世纪 90 年代以前对城市居住空间进行控制的单位制度已经退出历史舞台，国家对城市空间的管理由单位转移到社区。1998 年，国务院《关于进一步深化城市住房制度改革加快住房建设的通知》文件出台，住房制度改革开始在全国范围内推行，单位福利分房基本消失，"住房商品化"成为城市社区的常态。在住房商品化、私有化的背景下，市民自治组织如业主委员会出现了。业委会的出现不仅得益于经济社会变革中国家对基层管控的减弱，也来自城市社区居民对社区共同利益、社区共同精神的追求。①

有论者认为，住房商品化造成的某些问题使业主维权成为社区治理的一大关键，由此，业主委员会逐渐成为商品房社区自主治理的核心与标志。② 在业主委员会中担当领导者角色的大多是热心社区事务且知识素质水平较高的居民，他们拥有一定的人脉基础，社会资源较为广泛，社会网络较为复杂，容易导致与其他业主之间的分化，造成寡头统治。这种寡头治理问题不仅导致业主委员会中的领导精英与普通业主相区隔，还导致领导精英内部的分裂，形成社区内的派系斗争。有相关研究对业主中的领导精英进行了类型学的划分，分别为政治行动者、政治失意者、名利双收者和骑虎难下者四种类型。③ 业主中的领导精英具有多重复杂性，其维权的动机混杂着公共利益与私人利益，由于缺少对业主精英领导集

---

① 陈鹏：《城市社区治理：基本治理模式及其治理绩效——以四个商品房社区为例》，载于《社会学研究》2016 年第 3 期，第 125 ~ 151 + 244 ~ 245 页。

② 毛军权：《业主委员会：社区治理中的制度共识、自治困境与行动策略》，载于《兰州学刊》2011 年第 5 期，第 13 ~ 18 页。

③ 石发勇：《业主委员会、准派系政治与基层治理——以一个上海街区为例》，载于《社会学研究》2010 年第 3 期，第 136 ~ 158 + 245 页。

团的有效制约，他们与普通业主之间利益的分割以及他们内部之间的分裂与斗争都不利于社区自治的良性发展。

在业主委员会之前，城市基层社区治理的格局是街道业务指导、社区党组织领导以及居民委员会自我管理、自我教育、自我服务。"街道"是街道办事处（含"党工委"）的简称，在现实中，由于居民委员会依赖于街道办事处所提供的各种资源，且在社区建设中，政府加强了党支部在居民社区中的建设，并要求其为社区治理负责，而居民委员会也成为党支部各项决议事务的执行组织，因此，居民委员会是一个带着国家权力色彩的基层群众性自治组织，代表国家和政府对基层社区进行管理。

20 世纪 90 年代以来，"社区自治""基层民主"等概念被引入城市社区建设。然而，我国的居民委员会并非是社区共同体发展的自然产物，而是由国家自上而下进行社会管理控制的治理单元，是国家权力对城市基层社区的渗透。因此社区事务的主要参与者局限于政府权力的派出机构，即街道办事处及其所控制的居民委员会，社区居民对社区事务的参与度不足。相比之下，由于业主委员会更多地代表着业主们的共同利益，业主委员会的出现对居民委员会而言是一个不小的冲击。然而，无论是业主委员会背后的业主领导精英，或是居民委员会背后的国家权力，都容易因为追求高效运作而抛弃冗长的民主程序，大多数社区居民的利益容易在这个过程中被忽略，原本追求社区共同利益的居民自治组织往往走入了准专制和寡头治理的困境中。

在城市基层社区中，要解决寡头治理的问题，最关键的是将社区居民或业主完全纳入社区自治的框架中，调动社区居民的积极性，形成社区各大群体共商共治的框架制度，才能真正实现城市社区的民主化治理。

第二节 S 街道共商共治实践的民主化探索

一、S 街道推进共商共治的主要背景

针对当前我国社区治理的碎片化、寡头化的问题，推进城市街道社区的民主化管理，需要推进居民群众在基层社区中共治共管的实践。2013 年以来，北京市朝阳区紧抓全国社区治理和服务创新实验区建设机遇，在认真总结基层"问政"办实事的基础上，探索形成了区、街道、社区三级常态化的党政群共商共治机制，涉及百姓出行、停车、环境等城市管理的方方面面，创新人民城市人民建

设、人民城市人民管理的有效途径，持续提高城市管理水平。①

2014年3月，按照朝阳区委、区政府《关于统筹推进党政群共商共治工作的指导意见（试行）》的总体部署和要求，S街道正式启动了党政群共商共治工程。2015年共征集到居民需求7000余件，梳理出共商共治项目575件，引导居民关心社区家园、参与社区事务、商议社区事项，提高居民对公共事务的关注度、参与度，推动了基层民主政治建设。同时为进一步深化发展，加强文化引领，整合地区资源，动员更多社会力量参与地区建设，街道着重打造了社区嘉年华、跳蚤市场等社区融合类项目，发动地区居民和社会力量积极参与，以自治互助的方式推进地区居民和社会力量的更好融合。近年来，S街道以民生需求为导向，以项目落实为抓手，通过不断完善"街道—社区—楼院"三级议事协商制度、不断深化"四个延伸"、扎实做好"五个环节"，使地区社会治理水平得到有效提升，社区自治能力不断加强，居民参与家园建设的意愿和热情不断提高，地区单位对社区的归属感和责任感不断提升。

二、S街道党政群共商共治主要做法

（一）搭建"三级平台"

党政群共商共治分为三级平台：A类平台是街道议事协商会，S街道的居民通过A类平台共商社区的重大公共事务；B类平台是社区议事协商会，社区居民在社区中对需要解决的社区事务进行自治和基层民主协商；C类平台是楼院议事协商会，各个楼院的居民依托楼院的自治单元格对楼院需要解决的问题进行讨论和协商，并进行优化与重组。在通过入户、《今日社区》报、社区网、13社区网及其他方式收集居民的需求后，根据其具体情况通过不同的平台进行解决。

（二）实现"四大延伸"

共商共治意味着要改变过去传统的政府主导一切的做法，也意味着要建立新型的社会合作治理模式，更意味着社会新秩序的诞生。共商共治这条路，是街道党委、办事处与群众一起摸索出来的，S街道共商共治工作在总结经验的基础上，重点围绕"四个延伸"，进一步深化、创新。"四个延伸"即：议事平台由社区向小区（楼院）延伸，项目主体由政府单一主体向多元参与主体延伸，内容由办实事向社区治理延伸，项目经费由单纯行政经费支持向社区资源融合延伸。

① 吴桂英：《共商共治同心同向推动城市管理》，载于《前线》2016年第10期，第60～62页。

其具体做法如下：

第一，实现"三个转变"，完善共商共治理念。一是工作重点由"共商"向"共治"转变，即共商共治由"做什么"向"怎么做"转变；各方主体要明确各自责任，广大群众不仅是协商人和议事人，更是责任人、参与人及监督人。二是工作重点由必要性向可行性转变。除了必要性外，对项目进行综合评估分析，对是否具备实施条件进行考察调研，使共商共治项目成为群众看得见、摸得着、得实惠的项目。三是共商共治由阶段性向常态化转变。进一步规范"项目化管理、专业化支撑、透明化运作"机制，逐步完善社区建设居民议事厅，使议事场所固定化，规范楼院、社区议事协商会流程、议程及项目标准，便于实施和管理。

第二，坚持"四个一"原则，保障参与主体多元性和广泛性。即在建立健全社区、楼院等会议模式的基础上，着眼于成立社会单位楼院议事会和六小门店联盟楼院议事会，坚持"成熟一个、建立一个；建立一个，带动一批"的原则，不断扩大楼院议事会在各类社会主体中的覆盖面，不断推动辖区内各类主体积极参与地区基层社会治理。

第三，做好"三个倾斜"，提升社区治理效率。一是问需问政向基层倾斜，汇集最广泛民意民情。充分发动社区居委会的力量，使得地区群众的需求得到表达。二是各方资源向基层倾斜，发挥群众的首创精神。将工作重心下移，将更多的人力、物力、财力投到基层，并采取项目化管理方法，采取政府牵头、社区主导、社会单位投入、全民参与的多主体运作方式。对需要居民自治完成的项目，由社区党委、居委会或楼院发动居民，以自治互助的方式推进完成。三是各项政策向社区倾斜，提升社区问政效率。在社区项目及楼门项目上争取更大的投入，使更多实事工程走近居民身边。另外，创新地设立地区融合类项目，通过社区承办"生活奥运会"的模式，发挥各社区主导作用，将S街道共商共治软件、硬件建设融合在一起，通过合力打造，共建共享，使各社区站到地区性的、全局性的角度思索问题，提升社区的自治能力，促进地区各主体的交流和理解，最大限度地丰富地区群众的精神文化生活。

总的来说，围绕"四个延伸"，S街道近年来始终保持街道、社区、楼门三级议事特色。2016年初，S街道确定三级项目61件，资金投入2000余万元，与政协委员进社区相结合，举办了"幸福社区"生活奥运会4个融合类项目（"社区好声音"歌唱大赛、社区厨艺大赛、社区羽毛球对抗赛、"社区礼物"手工艺大赛），完善监督办法，实时监测进展情况，使项目推进更系统、更快捷。目前，A、B、C三类项目均在稳步推进。

（三）规范"五大环节"

街道的党政群共商共治在具体推进中分为五个环节。一是征集与审核阶段。主要是成立楼门级、社区级议事协商会，并通过入户、《今日社区》报、社区网、13社区网及其他方式收集需求，对搜集上来的需求进行分类、归档，可通过楼门协商解决的（C类）返回楼门，本社区内能解决的（B类）拟定提交社区级议事协商会讨论项目，需街道解决的（A类）上交街道工委统筹。二是讨论与研判阶段。通过召开楼门、社区级议事协商会，讨论研判并确定楼门、社区及街道级"问政会"项目。三是协商与审议阶段。召开街道、社区、楼门三级"问政会"，投票表决确定年度街道、社区、楼门级共商共治项目，并进行公示。四是落实与问责阶段。检查督导组及时跟进，对落实情况进行审查与监督，分阶段向街道工委、办事处汇报工作进展情况。项目完结后，及时将办理情况及结果反馈提案人。五是总结与评议阶段。第二年年初分别召开街道、社区、楼门党政群共商共治项目总结会，就上一年度共商共治工程办理情况分别向各级议事协商会汇报，接受各级议事代表的质询与评议。

三、党政群共商共治工作取得的成效

S街道所践行的党政群共商共治工作是为民办实事的具体表现形式，也是积极推进协商民主的生动体现，更是当地实施的社会治理机制创新，是对社区自治的有力推动。街道党政群共商共治工程所采取的三级议事协商制度，充分体现了辖区的协商民主实践，地区社会治理水平和居民自治水平也得到有效提升，从而真正践行了党的群众路线的要求，拉近了与群众之间的距离，达到了解民忧、办实事的目的。

（一）统筹协调，解决民忧，丰富了社会治理的形式

S街道曾经是一个老工业区，随着社会发展，老国企外迁，建设成为今天的CBD功能服务区，形成了地区的一个鲜明区域特点，即：新型高档居住区和老旧待危改小区并存。居民群众需求的复杂多样，给当地的社会治理带来了很大的困难。从2014年开始，街道就将共商共治的议事触角延伸至每个楼宇，使群众可以最直接地反映自己的诉求，以解决切实存在的生活困难。S街道结合本地区新型高档居住区和老旧待危改小区并存的现状，从改善基础设施与促进居民融合两大角度出发，花大力气致力于满足辖区居民的多元需求。

以CD社区危电改造项目为例。该社区是20世纪五六十年代兴建的老国企宿

舍，产权单位已基本不复存在，这些宿舍由于无主管单位，也成为年久失修的危旧楼房。其中用电问题最为突出，夏天空调使用频率高，短路现象基本每天都会发生，这给4300余户、12300多名居民的日常生活和住房安全造成了严重的影响。在共商共治中，社区发放1550份问需表，收回935份，其中763份问需表提到了电路老化问题。社区将此项目提请街道议事协商会，经过讨论协商和党工委会研究，正式列为B类项目，目前已实施完成。完成后，电路得到了改造，电容量增大，实现了每户一表，短路现象得到改善。2014~2017年，该小区每年整修3~5条道路，电容、上下水、楼道窗户得到了改进和维修，旱厕改造，建停车地，规范物业管理，安装探头、门禁等工作有条不紊地推进。由于治理实效显著，此项目还作为区级共商共治项目，上报区级部门，并经过议事协商最终确定为区级项目。

（二）以人为本，共商共治，加大为民办实事的力度

通过开展党政群共商共治工作，政府立足于群众广泛而真实的需求，转变包办代办的传统观点，将政府主导的为民办实事工作，变成了群众主动要求的实事任务，变行政干预为行政指导，变命令式管理为统筹式协调，变工作中的阻力为助力，让发展成果更多地惠及地区百姓，使群众成为最大的受益者，提升了群众幸福感和满意度，提升了党和政府的公信力，进而推动了地区的和谐发展。

以东院1号院环境综合整治为例，2014年12月以来，街道办事处举全街道之力，对东院1号楼环境进行综合整治，整治内容涉及治理"开墙打洞"、取缔无照经营、拆除违规设置广告牌匾、打击占道经营等多个方面。东院1号楼产权单位为原轻工业部和北京京纸集团有限公司，一层底商22家，整治行动涉及产权人、商户、中介等各方面的利益，难度巨大、人数众多、情况复杂。环境综合整治是解决居民诉求的必然结果，正式启动之前，街道办事处做了大量的调查摸底，以社区居委会的名义，进行深入走访，得到了大部分居民的积极响应。私自"开墙打洞"、无照经营、占道经验等违法行为，侵害的是公共利益，影响到该楼其他居民的合法权益，居民对此也一直反应强烈。在进行调查走访之后，由左邻右舍口中传出街道办事处的整治意向，对相关人员形成了思想上的攻势和舆论压力，为整治行动的顺利进行打下了良好的群众基础。整治行动开始以来，街道办事处严格按照法律程序，依法执法，严格执法。对东院1号楼住户私自"开墙打洞"、无照经营、占道经营等各项违法行为，逐一进行梳理，一一找到对应的法律法规。为确保法律适用的准确性，专门成立了法制组，同时邀请建委、房管局、工商局等相关部门进行法律上的协助和指导。在各项工作执行过程中，做到谁调查、谁取证；执法部门严格按照法律程序执行，执法文书完整，影像资料完

整。为做好本次整治工作，街道办事处成立了三个入户谈话组。第一个谈话组负责访谈楼上居民。在走访过程中，谈话组积极陈述私自"开墙打洞"、无照经营、占道经营等违法行为的危害性，以及维护楼上居民自身合法权益的紧迫性，同时表达对提升该小区人居环境的构想，得到了楼上居民的积极支持，减少了执法阻力。第二个谈话组负责访谈产权人。谈话组积极宣讲政策法规，并换位思考，设身处地地为他们解决实际困难，对真正家庭困难的产权人登记造册，提供帮助和支持，鼓励他们主动改正自己的违法行为，同时留下电话和邮箱，积极为他们提供政策法规上的支持与帮助，鼓励他们主动反映自己的诉求，并及时掌握他们的思想动态，确保整治过程中无安全责任事故的发生。第三个谈话组负责访谈经营户。通过及时约谈经营户，下发整改通知书，告诫他们此次综合整治行动是政府的依法行政行为，请大家给予最大的理解和配合，尽快主动撤离，降低自己的损失。

　　整治行动包括策划、启动、实施、恢复等多个阶段。在综合整治开始前，街道办事处对如何进行整治、整治中将面临何种困难进行了反复判断。对可能遇到的问题进行深入分析，一一拟定应对方案。在制定初步方案之后，由街道办处级领导多次组织召开会议进行讨论，不断修改完善行动方案，细化责任分工。同时把握每步时间节点，既保证重大活动的顺利进行，也给相关人员留足时间进行整改，以确保整治行动的有序推进。每一步都先进行深入调查摸底，集中统一制定行动预案，确保了整治行动顺利开展。整治行动伊始，街道办事处召开住户商户动员会，告知政策法规，陈述利弊得失，向住户和商户表明整治的决心，为后续工作开展打下了良好的思想基础。同时充分考虑各住户、商户的实际困难，成立专门的政策对接组和信访矛盾调解组，指定专人负责，畅通沟通渠道，及时化解矛盾隐患。整治内容包含多项执法工作，涉及多个执法部门。为普及法律知识，减少执法阻力。街道办事处特意邀请区城管大队、卫生局、食药局、工商局等部门的法规科工作人员以及律师事务所的专业律师来到办事处召开法律宣讲会，组织相关住户、商户现场聆听，并一一解答他们提出的各种疑问。在普法明法的同时，进一步消除违法住户、商户的抵触心理，夯实整治行动的法律基础。整治行动涉及公安、建委、房管局、工商局、街道各科室等多个部门，街道办事处多次召开专项调度会，成立工作领导小组，统领各步工作，为整治行动的顺利进行打下了良好的组织基础。

　　在宣传过程中，街道下发《给居民的一封信》、在显眼位置张贴《关于对东院1号楼环境整治的通知》、悬挂横幅标语，营造浓厚的整治氛围。充分发挥党员、楼门长的作用，带头做相关人员的思想工作；充分发挥入户谈话组的作用，深入了解相关人员的思想动态；充分发挥动员会的作用，形成思想攻势。考虑到战线长、难度大，街道办事处经过多次探讨，决定从商户入手，采取"由易到难、由专项到综合"的执法方式，逐步推进整个整治行动。由食药、安监、消防、工商、卫生等部门多次针对食品卫生、无证照经营、消防隐患等问题进行专项执法，在打击各种违法行为的同时，进一步显示政府进行综合整治的决心、恒心与信心，打压违法人员的抵触心理，为最终综合整治打下了坚实的基础。在分步推进的过程中，建委、工商局、食药所、城管执法队等各支执法力量，按照各自职责，分别进行执法行动，按照一周一汇报的工作流程，及时汇总，共同商讨整治过程中遇到的难题。执法联动，集中力量进行整治，起到了良好的效果，联合执法后，商家主动撤离，解决了整治过程中遇到的关键难题，为后续的恢复工作打下了坚实基础。在联合执法后，及时组织专业施工队伍，将私自"开墙打洞"的建筑恢复原状。积极发挥居民的主观能动作用，及时听取他们的意见建议。通过收集整理居民对建设公共空间的意见与建议，聘请专业设计单位，对整治后小区的公共空间进行提升改造，优化了小区居住环境，保住了整治行动的成果，而且还形成了"小区是我家，建设靠大家"的良好氛围，为以后开展工作打下了良好的群众基础。综合整治只是治理"开墙打洞"违法行为的手段，形成长效管理机制才是根本目的。在恢复行动中，街道积极探索有效的管理机制，形成城建、城管、安监、综治、食药等部门的联勤联动机制，对东院1号楼外围环境进行长期监查，重点打击游商行为，确保环境整洁、市场行为有序。同时，在1号楼外侧加装围栏，阻断一层底商恢复经营的可能性；在东、西两侧安装红外探头，对各种违法违规行为进行重点监控，做到及时发现、及时查处。

（三）搭建平台，科学决策，拓宽了协商民主的途径

2014～2017年，S街道依托三级议事平台，共产生楼门级议事代表1252名，社区级议事代表495名，街道级议事代表100名。除了按照科学规范的程序选举出街道党工委、街道办事处代表，社区党委、居委会代表，楼门长代表，居民代表，社会单位代表外，街道还邀请了辖区、社区、驻楼的各级人大代表、政协委员、党代表、企业代表等加入代表队伍中。S街道办事处还发动媒体代表、社会组织代表、专业机构代表等参与并监督共商共治工作。通过广泛科学的民主协商，并鼓励议事代表利用平台多提建议、提好建议，提案建议更加科学合理。2015年以来，S街道为进一步深化地区党政群共商共治工作，充分发挥社区主导作用，增强社区社会动员能力，夯实并发挥社区议事厅功能，促进各个社区间的融合式发展，还在原有"三级议事"的基础上，增加了"地区融合项目"，进一步满足居民的精神生活，促进资源下沉到社区。通过地区融合类项目的打造，S街道实现了各类主体、全体居民的广泛融合，共建共享。

在基层民主政治层面，协商民主以民主选举、民主决策、民主管理和民主监督为主要内容，并已成为社会建设和治理的主要形式。民主恳谈、民主听证、民主议事等都属于基层协商民主的范畴。在三级议事平台搭建起来之后，协商民主延伸到楼门级的层次，如社工进行包楼包院走访，进行民愿的收集，为协商民主和共商共治开辟了新路径。除此之外，S街道以"掌上社区"、《今日社区》报等媒体为载体，充分了解居民的诉求，为居民提供协商议事的平台。

（四）规范程序，民主监督，促进了居民自治意识的增强

党政群共商共治是现代社会治理和民主自治建设的必然途径。为了培养群众的自治意识，S街道通过健全的议事制度、科学规范的组织程序，拓宽了居民参加社会治理的范围和途径，使得居民更加清晰地认识到了自己的主体地位，提高了对公共事务的关注度、参与度。这种方式在很大程度上解决了由于居民意见不统一、将矛盾全部集中到政府的这一难题。通过"提出问题—意见分歧—讨论协商—意见统一——组织实施"这种规范化的程序，充分发挥了居民自治的作用。

以G社区双花园南里一区小区为例。由于该小区物业管理不善，存在着垃圾乱堆乱放的现象，用于清运垃圾的垃圾车的停放地点也存在诸多争议，居民均不愿让垃圾车停放在自家楼下。通过共商共治的参与渠道，议事协商代表将这个问题纳入小区便民项目之中，申报到街道议事协商会，并最终确定为B类项目。社区通过召开议事会，组织大家对此事进行协商，最终确定该小区采取垃圾分类收集，垃圾车停放在离楼30米的指定地点的方案，得到了广大居民的普遍拥护。同时，社区成立了街道首个居民自治组织——双花园南里一区小区居民自管会，以解决居民最为关心的事作为工作重点，先后完成了群租房整治、楼道清理、绿地增铺、环境治理、垃圾分类收集设施增设等工作。自管会的成立使居民的诉求有了代言人，居民的愿望有了执行者，不仅得到了广大居民的认可和拥护，还成为促进社区和街道工作的有力推手。

共识往往与缩小分歧相伴生，与解决问题相伴生，与化解矛盾相伴生。街道的党政群共商共治是一个多元参与的有效平台，通过这个平台，街道党工委、办事处和居民群众、社会单位、社会组织携手并肩，为建立一个社会稳定、居民自治发达、服务设施健全、公共活动丰富、社区文化和谐的美好社区而共同努力。自2014年实施以来，街道党政群共商共治工程扎实推进，不断深化，最终以常态化的姿态出现在居民的生活中。在这个过程中，街道通过搭建三级议事平台，建立了居民议事厅，实现四大延伸，形成五步环节流程，把居民更好地凝聚起来，调动了居民参与社区事务的热情和居民自治的积极性，强化了居民主人翁意识，让社区居民更加有存在感。对于政府而言，在帮助群众办好小事中，培养了

从小处着手、从实际出发的务实作风，拉近了与群众的距离，密切了党群干群的关系。

第三节　民主化治理是 S 街道社会治理形式创新

一、社会治理创新的形式选择

中国共产党十八届三中全会公报提出，"全面深化改革的总目标是完善和发展中国特色社会主义制度，推进国家治理体系和治理能力现代化"。在国家的社会治理体制框架建构中，基层社会是国家创新社会治理体制的重要领域，社区作为基层社会领域网状治理结构的重要节点，是一个"麻雀虽小，五脏俱全"的微型社会生态系统。基层社区治理创新必须处理好三对关系：街道与社区的关系、社区与居民的关系、社区与社会组织的关系。总的来说，基层社会治理创新的根本就是处理好政府与社会在社区治理中的关系。社区治理创新作为社会治理创新的重要组成部分，逐渐被社会大众所关注。

有学者认为，关于社会治理创新的路径选择主要有三种。① 其一，强调社会治理创新要在国家发展的战略高度上建构有效的调控社会的制度体系，其关键是政府职能的转变与服务功能建构，服务型政府的制度构建是社会治理创新的核心所在，其重要细节则是从战略、结构、体制、人员、技术等维度改善政府组织系统。其二，强调以社会行动场域为核心关注点，培育社会治理创新的社会行动要素，主张以社会资本培育和积累作为社会治理创新的逻辑起点，将社会权利建构与社会的再组织化作为社会建设的逻辑重心，而以社会组织认同形塑建构公共空间、孵化公共精神作为社会治理创新的基础，并引导社会组织及各种社会力量融入社会主流，以多元有序的社会行动格局推进社会治理创新。其三，强调在国家或政府系统适度调整与社会系统有效建构的双重维度上推进二者的互动，进而实现社会治理创新，认为超越国家与社会对抗或二者合一的框架，构建国家—社会合作结构下的社会治理的"中国模式"是可以期待的理想；在经济社会体制与政治行政体制的双向互动中推进政府制度与社会组织结构的双重优化，引入包括政府在内的多元社会行动主体参与的多中心治理格局，在控制型政府的治理化与碎

---

① 陈剩勇、徐珣：《参与式治理：社会管理创新的一种可行性路径——基于杭州社区管理与服务创新经验的研究》，载于《浙江社会科学》2013 年第 12 期，第 62～72＋158 页。

片化社会的组织化重构的共时性进程中实现社会治理创新。

我们认为，在上述三种路径之中，第三种路径无疑对中国当下的社会现实更具有针对性。而 S 街道的民主化治理则正是这种路径的具体化表现。调研得知，共商共治 A、B、C 项目居民使用度和普及度都比较高，同时，从未使用的居民数量也占据相当比例。因此，在城市社区的层面上以公共治理推进社区自治，从而使社区融入整个国家社会生活，不仅创新了社区治理，同时也在社区居民的民主参与中完善了基层的行政体制规划，以建构和谐的社区整体。

二、民主化治理的实践案例

在上述第三种路径之中，S 街道社区治理创新的特点主要有：街道和社区职能的转变、服务型治理的推进以及新型政社合作关系。以下几个案例都体现了社区治理创新中民主化治理及共商共治的特点。

北京市朝阳区的社区创享计划以居民需求和社区改进为根本，让社区居民将自己的建议写为提案，在"竞标"成功后付诸实施。仅 2016 年，就有 651 个优秀提案获得资金、人员的支持，1400 多个难题得到化解。北京市朝阳区"'居民提案'激活社区自治细胞"被评为 2015 年度中国社区治理十大创新成果。北京市朝阳区社区创享计划的主要经验是在街道层面兴建社会动员中心，做好社会动员工作，调动社区居民的积极性；党建、基层治理、群团改革及社会组织发展实现有效结合，发动居民形成社区治理提案；以服务居民为导向，构建"三社联动"长效机制。

南京市鼓楼区的社区理事会以"五个法则"为准绳来开展居民的社区民主参与。第一个法则是提案与公示法则。社区理事的重要职责之一就是亲自撰写或向居民征集社区提案。第二个法则是商议与辩论法则。可选择多种商议形式，如恳谈会、听证会、评议会、辩论会等。针对社区公共事务的协商，多轮协商、持续协商是常态。第三个法则是回应与反馈法则。对提案的商议可能陷入僵局，此时能做的就是回应与反馈，即针对协商中的关键问题做最大限度的信息梳理并告之社区居民。第四个法则是决策与执行法则。对于存在较大争议或协商无法解决的事宜，提交社区居民代表大会议决，或由上级相关部门审议，或进入法律诉讼程序。协商决策的公示环节十分重要。第五个法则是监督与评估法则。监督工作可以通过在社区理事会并行层面设立监事会来完成，也可由社区居民或社区社会组织代表参与完成，或由媒体、高校学者及其他外部专家团队等第三方组织来完成。

上海浦东新区作为首个综合配套改革试点地区，积极探索社区共商共治共建新机制，社区重大事务由社区委员会共商共治共决，着力建设社会生活共同体是改革的重要内容。社区协商式治理需要一定的平台。例如，社区在不同的层面都构建了协商式治理平台，主要有社区委员会、居民议事会等。社区委员会由政府职能部门派出机构代表、社区企事业单位代表，以及社会团体代表、民办非企业单位代表、居（村）民代表、知名人士等组成。社区委员会设委员 15 ~ 20 名，下设行政事务、社会事务、居（村）事务 3 个专业工作委员会，专兼职委员兼有。居民议事会以问题为导向不定期召开会议，一般是居民区内公共事务诉求出现时，由居委会出面组织利益相关单位和个人协商议事。

成都市锦江区也于近年创新社会治理，剥离街道经济职能，迈出了改革的第一步。在剥离经济职能后，街道办想要做好公共服务和社会治理就必须下沉，以社区为平台，由此迈出了改革的第二步。锦江区党委普遍设立社区党委或党总支，实行开放型党员管理制度；政府设立街道在社区的平台——社区公共服务站，破解了事该谁做、人从哪来、钱由谁给等难题；社区让居委会归位、行政与社会事业分开，挂牌社区公共服务站、社区物管中心；居委会实行居民代表常任制、重大事项提案制，举行社区事务听证会、社区民情恳谈会。以双桂路街道社区治理机制改革为例，当地按照《社区居民组织法》依法选举社区两委成员、社区居民代表、居民特邀代表和党务监督小组成员，成立社区居民代表会议工作委员会，同时将治理单元划小，细化到院落、楼栋，甚至某个群众性团体。按照《成都市物业管理条例》，在新建小区成立"业主委员会"，在老式院落成立"住户管理委员会"，在单位宿舍成立"家属管理委员会"等居民自治组织，消除了原来存在的行政命令代替法律、法规，或者说有法不依所带来的管理不规范、安全无保障、服务不到位、环境低层次等问题。成都市锦江区构建"互动模式"的经验主要有：将经济管理职能上移，给街办减负，让街办工作重心真正实现两个转移；设立街办的工作窗口——社区公共服务站，方便社区居民接受政府提供的公共服务；理清区政府各职能部门、街办、社区公共服务站和社区居委会各自的公共服务职能；通过购买公共服务体现社区自治组织对政府管理的协助功能；通过物业管理全覆盖，构建基层社会组织单元；帮助社区居委会适应新的工作任务，掌握新的工作方法；扶持和培育社会组织，承接政府转移的社会管理和公共服务任务。

以上几个案例来自其他几个地方，虽然各具地方特色，但是它们的共同点还是比较明显的：有市区两级的国家综合改革示范点、街镇主动转变、社区角色回归、充分整合社区各方主体形成制度化协同治理、专业社会工作积极参与，以及最重要的一点——为居民有序参与社区管理创设良好条件，这是居民民主化参与以及社区自治的良好基础。

三、以民主化治理推进社会治理创新

作为社会治理的全新形式，民主化治理强调以公众的社会参与行动为媒介，在国家政府与社会的互动格局中推进社会行动结构的变迁。经济与市场的全球化带来大众社会的崛起，致使行政国家层级化、单向度控制结构的有效性消解于社会公众的多元而分殊的利益与价值偏好之中。面对这种古典式社会行动结构的崩解，一种可行的回应方式便是以社会公众的多元参与为媒介，一方面促成公众生活世界的价值与行为方式重构，另一方面推进构成行政国家系统世界的制度体系的开放，并在两者的互动之中实现治道变革。①

民主化治理强调自上而下的赋权与自下而上的积极行动，在政府与社会的良性互动中推进社会管理创新。一种健全而持久的治理过程必须是在上下通达的双轨形式中寻求的。民主化治理的路径一方面通过自上而下的赋权，包括向社会个体赋权，巩固自上而下的政府管理效能，另一方面则通过自下而上的参与行动，使权力系统更具回应性与前瞻性。这样整个社会治理体制便在一种双轨均衡的融通中获得持续的活力与稳定性。②

民主化治理经社会最基层建构政治节点，即以社区作为社群自主治理的基本单元，并在社区的时空节点上促成国家政府的开放性治理与社会的组织化。国家政府与社会的行动者在多重的政治节点上相逢，并以有效的政治应力化解可能的社会冲突与危机，而社区则无疑是当下城市社会文明生态系统中极为重要的一个节点，民主化治理的社会治理创新形式选择是要促使基层社区在政府的开放性、民主化与社会的再组织化过程中型塑有效的治理能力，改善社区治理，从底层化解危机，奠定社会和谐的基础。③

以民主化治理推进社会治理创新，需要通过社会基层的制度安排建构起一种网络化的参与性机制，促进公民和社会组织的参与，促成平等合作的社会行动结构，参与的重心应该是社会基层向基层社区授权，在社区层面上形成平等互动的政府与社会合作关系，这是 20 世纪 80 年代以来西方国家政府改革与重新发现社区、以社区发展推进社会发展的基本路径。在经济、市场全球化与城市化的共同背景之下，强调民主化治理的社会治理形式创新，即是要借鉴西方政府改革与社会发展的基本经验来解决中国的社会治理问题。

①　吕志奎：《中国社会管理创新的战略思考》，载于《政治学研究》2011 年第 6 期，第 96～105 页。

②　李耀新：《准确把握政府在社会管理创新中的定位》，载于《国家行政学院学报》2012 年第 3 期，第 45～48 页。

③　燕继荣：《社会管理创新与服务型政府建设》，载于《行政论坛》2012 年第 1 期，第 17～20 页。

民主化治理的实质是要在推进基层民主化进程中，经政府与社会双向的良性互动，创新社会治理达到善治的目标。民主化治理的社会治理创新路径选择是要在社区层面上使政府可以接纳与回应最基层社会公众的民意，并要使基层社区在组织化的过程中使公众积极参与公共事务，催生公共性精神与公共人文关怀。在两者的交汇过程之中，民主化治理的社会治理创新过程是在政府与社会的良性互动中，推进国家政府与社会的双重民主化，促成善治目标的实现。①

总之，S街道的民主化治理是基于许多社区治理经验的社区治理形式创新，在基层社会治理过程中，以党政群共商共治工程为载体，通过"三级平台""四大延伸""五大环节"充分动员辖区居民及单位参与其中，在社区自治的平台上切实解决地区治理难题。目前，党政群共商共治工程已经成为街道了解民需、解决民忧、为民办实事的重要抓手，得到了社会和百姓的普遍认可与广泛好评。因此，S街道的民主化治理既为社区居民提供了议事协商的形式与渠道，是社会治理形式的创新，又切实为社区发展做出了实质的贡献。

第四节　本章小结

当前，随着经济社会的改革与发展，社会治理创新愈发受到国家与社会的重视，而城市社区治理则是社会治理创新的基础和重心，真正关系到城市社区居民的切身利益。我国城市社区治理在住房商品化之后经历了市民自治组织如业主委员会等的崛起，在国家权力与社会组织力量的交织之中不可避免地存在寡头化和碎片化的问题，解决这一问题的根本途径是推进基层社区自治，实施共商共治工程及推进居民民主化参与式治理。

S街道的党政群共商共治工程搭建了"三级平台"，在楼院、街道、社区不同的平台上联合居民、社会组织以及政府的力量来解决居民的需求。S街道共商共治工作在总结经验的基础上，重点围绕"四个延伸"，进一步深化、创新。具体的做法是：一是实现"三个转变"；二是坚持"四个一"原则；三是做好"三个倾斜"。党政群共商共治在具体推进中分为五个环节，为社区居民自治提供了良好有序的条件。

总的来说，由社区自治实践的案例可以看出，S街道的党政群共商共治工作在推进基层民主的实践中逐渐完善和发展，逐步提高了街道社区的自治水平，改

---

① 杨雪冬：《走向社会权利导向的社会管理体制》，载于《华中师范大学学报（人文社会科学版）》2010年第1期，第1～10页。

善了街道社区居民的居住条件，对建设和谐社区发挥了良好的促进作用。具体来说，S街道的共商共治工作成效有：统筹协调，解决民忧，丰富了社会治理的模式；以人为本，共商共治，加大了为民办实事的力度；搭建平台，科学决策，拓宽了协商民主的途径；规范程序，民主监督，促进了居民自治意识的增强。

在S街道的民主化治理实践之前，上海市、成都市也有不少社区自治的实践，为居民有序参与社区管理创造了良好条件，为社区治理创新奠定了基础。S街道的共商共治实践通过"三级平台""四大延伸""五大环节"的框架切实为社区居民排忧解难，同时最大可能地发动社区居民在不同平台中参与制定有关街道社区事务的决策，是民主化治理的地区实践，同时也是社会治理形式的创新发展。

第九章

S街道社会治理创新的特色与经验

　　S街道整治经验为社会治理创新贡献了有益的经验，集中体现在以下几个方面：以创新党建形式引领社会治理创新，更好地发挥党对一切工作的领导核心作用；从政策创新和体制机制改革全面切入，构建起综合协调的治理机制，促进社区的治理和建设事业；构建多元协同治理格局，充分调动社区各主体参与社区治理的积极性；改变以往单一的自上而下的治理格局，明确自上而下与自下而上双向互动的创新逻辑；紧跟社会治理创新的政策指引与现实需求，二者的有机结合为社会治理创新工作的开展提供了生动实践。

第一节　以创新党建形式引领社会治理创新

一、党建相对于社会治理创新的重要地位

　　党的十九大报告提出：坚持党对一切工作的领导。党政军民学，东西南北中，党是领导一切的。必须增强政治意识、大局意识、核心意识、看齐意识，自觉维护党中央权威和集中统一领导，自觉在思想上、政治上、行动上同党中央保持高度一致，完善党的领导体制机制，坚持稳中求进工作总基调，统筹推进"五位一体"总体布局，协调推进"四个全面"战略布局，提高党把方向、谋大局、定政策、促改革的能力和定力，确保党始终总揽全局、协调各方。

　　社会治理创新必须坚持在党的领导下进行，党建对事业的推进和各项社会治理工作的开展起着至关重要的作用。在中国特色社会主义新时代，只有党的建设开展好了，才能确保其他工作顺利开展。

　　具体到社会治理创新领域。从学理角度来看，党的领导及具体的各级党委（组织）是我国积极构建的社会治理全新体制的前提环节和首要部分。党的十九

大报告指出，要"打造共建共治共享的社会治理格局"，我们认为这一全新治理格局突出一个"共"字，无论是"共建""共治"还是"共享"，其政策意涵强调的均是"共同"。十九大报告同时指出，要加强社会治理制度建设，完善党委领导、政府负责、社会协同、公众参与、法治保障的社会治理体制。在具体的制度建设层面，十九大报告对"共"进行了操作化的指引，即新型社会治理格局中必须包含党委、政府、社会、公众和法治等要素，这五个方面缺一不可。

可见，党委（及各级党的组织）建设是社会治理创新的题中之义。如果说"法治"是新型社会治理体制的保障性要素，"公众"是新型社会治理体制的基础性要素，"社会"（主要是社会组织）是新型社会治理的专业性要素，政府是新型社会治理的规则性和资源性要素，那么，党委（组织）建设在全新社会治理体制中占据前提性地位，不能动摇。所以说，以党建的创新形式引领社会治理创新的具体实践，正是S街道坚持党委领导社会治理的生动体现，反映了S街道开展社会治理创新的政治意识。

二、S街道如何以党建推动社会治理创新

街道以党建的创新形式引领社会治理创新，经过了一个逐渐发展的动态过程。如前所述，S街道近年来积极构建以"社会动员中心"为平台的"一网五中心"治理枢纽，在五个地区治理中心之中，区域党建指导中心就是其中之一。区域党建指导中心能够发挥街道工委的引领优势，承接街道党建动员、宣传发动、教育培训和引导建设的职能，引导社区居民、社会组织、企业参与到街道的社会动员中。

如第二章图2-22所示，相比较而言，居民对于志愿者队伍、文体活动、党建工作、环境整治、慈善捐赠的参与度更高。从项目本身来看，如第二章图2-24所示，居民对于党建工作、文体活动、志愿服务的满意度是相对最高的，尤其是党建工作，这与社区的治理模式可能有关，由第二节也可以看到，居民对于党建工作的参与度也很高，形成了高使用度、高参与度和高满意度的良性循环。

区域党建指导中心的主要工作如下：

一是中心结合街道提出的"院街党建"模式，建立"前店后院"党建支持，联系动员街区商户对接社区党委，助力模式建立。众所周知，随着我国体制改革转型和经济社会发展，社会结构也发生了深刻的变化，越来越多的社会成员从"单位制"体制下脱离出来，走向了市场化的组织和机构，社会阶层日渐多元化，社会流动性为社会治理增添了巨大的难度。S街道积极创新党建模式，将辖区商户和企事业党委纳入党建工作对象的范围，客观上通过党建工作起到了连接不同

社会群体和发动更广发社会成员的实际效果，从而实现了社会治理所追求的社会整合和再组织化的目标。

二是成立社会动员中心党支部。近年来，S街道的社会组织发展迅速，在社会治理、公共服务、政策倡导等领域发挥了越来越显著的作用。如前所述，社会结构日益多元化就包括在经济组织之外开始出现越来越多的社会组织，因而社会组织成员也日渐成为新型社会群体。所以，在社会组织内成立党支部，是协调与完善党与社会组织的关系、巩固和夯实党的执政基础的重要途径，同时也是激发社会组织活力、引导社会组织健康有序发展的重要手段。社会动员中心党支部是朝阳区第一家街道级社会组织服务平台党支部。党支部的广大党员与社会工作服务相结合，积极参加"两学一做"系列教育活动和"走清建树"实践活动，促进了社会组织更好地参与公共服务、社会治理。

三是充分发动党组织的自身优势，积极挖掘党员和入党积极人士的服务热情，为社会治理出谋出力。党的十九大报告指出，"中国共产党人的初心和使命，就是为中国人民谋幸福，为中华民族谋复兴"，可见党的领导最终的落脚点是民生幸福、国家富强。面对全体共产党人的一致目标和使命，S街道近年来大力开展党员志愿服务活动，通过党建的新形式将党建活动与服务于民的党的宗旨紧密结合。众多的党员和入党积极人士带头开展社区环境整治、交通安全宣传、治安保障巡逻和服务弱势人群等一系列的地区公共事务，成为非常重要的一股力量。

三、党建引领社会治理创新的逻辑与内涵

由上可知，S街道以创新党建形式引领社会治理创新的很多做法，都具有积极的作用和现实的意义：一方面，通过院街党建和社会动员中心党组织建设，联系和整合了经济组织、社会组织中的新型社会群体，起到了社会治理的组织和整合效果；另一方面，充分发挥党员和入党积极人士的服务热情，投身民生服务、参与公共事务，极大地带动了地区社会治理进入全新局面。

从上述实践可以看到：党建在构建党委领导核心、街道职能部门（社区居委会）负责、社会组织协同、居民广泛参与新型社会治理体系中起到了关键作用，同时在党对社会治理创新和社区工作的领导下，各项工作把握了正确的政治方向，更好地起到了维护党的领导核心的作用，并坚持以人民为中心的原则，更有效地满足了街道和社区人民的需求。党领导街道始终把人民对美好生活的向往作为自己的奋斗目标。

规律往往都是在实践中发现的。正是因为有了S街道在社会治理创新实践中始终坚持以创新党建形式作为引领，我们才看到党委领导、政府负责、社会协

同、公众参与、法治保障的社会治理体制必须是"五位一体"的，缺一不可，且更要坚持党委领导。总之，党的建设与领导，既完善了新型社会治理体制的主体结构，也确保了社会治理社会化、法治化、智能化、专业化水平得到切实提高。

第二节　从政策创新和体制机制改革全面切入

一、街道层面政策创新和体制机制改革的重要意义

新中国成立初期，我国实行计划经济体制，经过几十年的发展，计划经济对中国的政治体制产生了巨大的影响。街道的产生是新中国的行政权威渗透到基层、将普通民众的生活纳入国家政治体系中的体现。在交通和通信都不发达的情况下，街道作为政府的派出机构对普通民众进行"面对面"的管理，促进了经济的发展，大大提升了国家的生产力和治理能力。但是改革开放以来，随着社会主义市场经济体制的逐步成形，我国社会各种环境也相应发生了巨大变化，而街道原有的管理体制、领导的思维方式、运行机制和整体组织架构也因此面临一系列的问题。

以S街道为例，目前街道的职能部门主要有工委办公室、办事处办公室、组织科、宣传科、武装部、社会治安综合治理办公室、城市建设科等职能部门，同时街道下属12个社区，每个社区也都有相应的居民自治组织。

街道位于我国行政系统的最低一级。"上面千根线，下面一根针"。目前街道层面在社会治理中普遍存在着角色不清和职能混乱的问题，造成这种困局的原因是街道层面政策创新及自身体制机制改革不深入、不全面，基层政府职能转变不到位，使得工作饱受诟病。比如在社区治理方面，街道政府很容易延续计划经济时代的传统，充当全能的角色，对下属各个社区的工作进行管控，但这又与基层民众自治的居民委员会制度的实施之间存在矛盾。而如果自治力量过度发展，也会让街道本该有的行政管理职能不能充分发挥，也将成为街道工作的难点。

党的十八届三中全会指出：创新社会治理，必须着眼于维护最广大人民根本利益，最大限度增加和谐因素，增强社会发展活力，提高社会治理水平，改进社会治理方式，激发社会组织活力，创新有效预防和化解社会矛盾体制，健全公共安全体系①。这表明，一方面，从管理到治理改变的是传统自上而下的政府管理

① 《中共中央关于全面深化改革若干重大问题的决定》，中国共产党新闻网，http://cpc. people. com. cn/n/2013/1115/c64094 - 23559163. html。

方式，转而实行自上而下与自下而上相结合的互动方式。另一方面，创新的重点在体制机制，应实现治理主体多元化、治理方式多样化、治理手段规范化、治理目标民生化。这两方面给基层街道这一治理主体提出了前所未有的全新任务和工作要求，因此基层街道必须顺势而为，积极主动地实施政策创新和体制机制改革。

社区治理与服务需要不断创新，对此，居民存在不同的态度，详见图9-1。从正面态度来看，超过30%以上的居民认为社区治理与服务项目的创新有利于整合社区资源、强化政府的责任、提高社会组织的专业化程度和改进社区服务，这说明居民对于项目的创新持积极态度。但也有近30%的居民表示担心搞形式走过场，无法将"创新"落到实处，真正实现社区治理和服务的创新和发展。此外，也有部分居民担心享受不到服务、担心没什么效果。居民的这些担心要求社区，在项目创新的过程中要实事求是、脚踏实地，需要将创新落实到居民中，让居民参与，让居民收益，实现真正的创新。

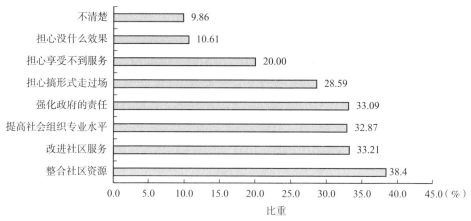

图9-1 居民对"社区治理与服务"项目创新的看法情况

据此，街道实施政策创新尤其是自身体制机制改革，有利于更好地坚持新时代党对一切工作的领导作用；有利于创新街道治理方式，更好地促进街道职能的发挥；有利于构建和谐社区，完善社区生态；有利于更好地发挥社区居民自治，更加丰富而精确地服务社区居民，对党中央提出的社区治理体制创新也是有益的探索。

二、S街道治理创新中的政策创新和体制机制改革

党的十八大提出"五位一体"的总布局，强调在改善民生和创新管理中加强

社会建设。① 而社会动员是社会建设的基础。近年以来，街道各类社会组织快速发展，社会公共服务实现全覆盖，而同时也面临"三复杂"的治理难题。在此背景下，S街道开展社会动员的组织建设、能力建设、标准建设、网络建设和体系建设"五大建设"，筹建街道社会组织联合党支部，推进京津冀社会组织协同发展，打造"爱心墙""社区淘"等公益服务品牌，探索以社会动员推动社会治理的新途径，坚持共建共享，社会动员更加广泛。可以说，S街道把握住政策创新和体制机制改革的机会，全面深入推动社会治理创新。

第一，街道职能转变和部门协调机制创新。S街道通过统筹街道各个职能部门，实现精细化城市管理，是其体制机制改革的一个鲜活实例。在实践中，城市管理由政府统筹负责，同时以整合资源、多方联动、联合执法为主要手段，具体涉及城建科、城管执法队、监察科、社区办、食药所、工商所、派出所、安监科、综治办、宣传科、司法所、残联、民政科、信访办、指挥中心、行政办等街道主要职能科室，以及各社区、各物业公司、各沿街门店等其他单位和部门，各方在街道的统筹下实现互相配合的良好效果，而不是局限于传统的仅仅依靠城管进行环境治理，体现了街道在街道职能转变和部门协调机制创新方面的决心和成效。

第二，强化平台枢纽建设。街道在工作机制上善于"搭台唱戏"，率先于2015年成立了街道社会动员中心。该中心由13社区网、区域党建指导中心、社会组织指导服务中心、家庭综合服务中心、社会单位服务中心和公益储蓄分中心"一网五中心"构成。与此同时，社会动员中心又与网络信息平台相得益彰，相互配合。例如，"13社区"就是在地区12个实体社区的基础上建立的一个多终端、跨平台、不间断、全覆盖的虚拟社区，是集13社区网站、百事通手机App、13社区微博、"掌上社区"微信公众号于一体的全模式网络服务管理平台。社会动员中心的实体平台与"13社区"的网络信息平台一道，致力于地区社会治理的创新发展，比如通过举办线上线下活动，提供区域化便捷服务，发动了社会各界的力量积极参与到社会治理中去，效果十分显著。

第三，居民服务机制创新。街道的家庭综合服务中心是面向普通家庭中老、少、危人群开发的集成服务中心，提供家庭健康教育、儿童青少年成长陪伴、危机家庭介入、困难家庭帮扶、家庭照顾和组建家庭俱乐部等服务。社区通过运用社会工作、心理咨询、社区发展、组织培育等多元工作方法，形成了个人—家庭—社区—社会"四位一体"的综合服务模式。

---

① 《胡锦涛在中国共产党第十八次全国代表大会上的报告》，人民网，http：//cpc. people. com. cn/n/2012/1118/c64094-19612151-1. html。

第四，多主体资源整合机制创新。社会单位服务中心通过引进社会单位服务资源，加大对社会单位的服务力度，做到资源共享、技术共用、流程共通、项目共研、难题共解。通过举办团队能力建设、读书会等主题服务，为社会单位搭建沟通服务平台。对规模以上企业、中型单位、六小门店进行分类动员，并推动大型企业履行社会责任。

第五，志愿服务机制创新。公益储蓄分中心通过建立志愿服务回馈机制，按照服务时间评定不同等级的星级志愿者，协调各方资源为志愿者提供电影票、艺术馆票、理发卡等回馈礼包，营造"做好事、当好人、有好报"的志愿服务氛围。

第六，加大政府购买服务政策力度。公益项目是培育社会组织的重要途径。近年来S街道不断争取项目资金，购买市区级项目，为民服务。项目类型包含为老服务、家庭服务、社工能力提升等。街道计划到2020年建立比较完善的政府购买服务制度和运行机制，形成服务效率高、运行成本低的新型基本公共服务供给体系，并顺应中央、市委改革潮流，积极培育一批持续性、实效性、影响力都好的项目，探索购买服务工作的长效机制，加强监管，以此将适合社会力量承接的基本公共服务事项逐步向社会力量转移。

第七，深入推动社区创享计划。街道通过培育和发展社区社会组织，开展领袖能力建设，对组织成员进行持续跟进服务，提供更多交流学习机会，提高组织领袖的统筹、管理、宣传等能力；增加居民间的互动，丰富居民文化生活；建立居民的社区参与意识，提升社区社会组织的凝聚力与归属感，促进形成社区文化；梳理社会组织结构，确立社会组织发展方向，逐步扩大社会组织规模，不断挖掘社会组织潜力，提升社区社会组织的自律和自治能力，促进社区建设，满足社区多元化服务需求。

第八，社会组织管理服务机制创新。社会组织指导服务中心通过项目化运作，承接社会组织服务、政府购买服务统筹、政府职能转移三大核心功能。通过政府购买服务、三社联动、社区创享计划、动员小组四种方式开展组织培育，孵化社区社会组织，为发展过程中的社会组织及时提供相应的资源与指导，并进一步将社区中存在的需求与社会组织提供的服务相匹配对接，从而有效地架起社区和社会组织合作、共赢、共同发展的桥梁。

三、政策创新和体制机制改革的积极影响

通过S街道的治理效果可以看出，政策创新和机制改革在社会治理中存在其独特的优势，S街道实践能为我国基层社区的治理贡献有益的经验。

以S街道建立的社会动员中心为例，通过打造"一网五中心"格局，一方面可以积极调动各种社会组织等的力量，另一方面可以更加高效、高质量地解决社区治理的难题。通过有效的信息传播、充分的沟通和交流，促使各个单位和组织明确需求和目标、达成共识。这样的综合平台格局实现了交流融合、居民自治、职能转变、组织发展、难题破解等，有效激发了各社会成员的积极性，调动各种资源，形成尽可能广泛的社会联合，协调一致、通力合作、共同努力。

　　总结起来，S街道政策创新和体制机制改革的积极影响主要有几点：牢牢把握住了党对社区工作的领导；创新了社区治理模式，促进了社区各个职能部门的协调运转；发挥了社会组织和社会力量对社区建设的贡献作用；通过多种渠道增进社区居民福祉；促进了社区的资源整合，更好地建设了社区的服务生态。

第三节　构建多元协同治理格局成为系统工程

一、多元协同治理格局的新时代意义

　　在以往的基层社区治理实践中，街道政府往往充当无所不包、无所不能的角色，从治理主体来看，社区和社会组织的参与力度小，治理主体单一薄弱。

　　党的十九大报告提出要"打造共建共治共享的社会治理格局"，我们认为关键词是"共"，它在这里指的是怀有美好生活追求的全体社会成员，社会治理必须是多主体共同参与、相关者共同协商、全民共同享有的全新格局。基于这样的理解，我们看到，报告还指出，加强社会治理制度建设，完善党委领导、政府负责、社会协同、公众参与、法治保障的社会治理体制，这就为多主体的具体社会治理职责、使命进行了明确，而提及的"提高社会治理社会化"则是尝试处理好在党委领导下，政府如何负责，如何与社会协同方、全体公众以及自身处理好治理实践中的关系。

　　最新的政策精神说明，多元协同就是共建共治共享的社会治理格局的具体形式，"多元"指的是多主体的参与，"协同"是社会治理社会化框架下政府与其他各方的互动机制。多元不同于单一，首先是主体多元，其次是服务提供方式多元，最后是所需服务的客体多元。多元协同治理的优势在于多元化的协同格局同以往的单一治理格局相比更能满足异质性大、内部差异细致的社区居民的需要，同时协同而不是上下级的管理，更能调动社区行政力量之外的其他主体参与社区治理和社区服务的积极性。

然而，如前所述，多元协同治理的前提是要将党委领导摆在更高位置，这并不意味着政府可以随意甩开治理主责。习近平总书记指出："党政军民学，东西南北中，党是领导一切的。"新时代下，社区党委要更好地发挥社区治理事业领导核心的作用，更好地坚持和完善党的领导，社区政府要在党委的领导下，积极发挥管理和服务的职能，发挥多元协同治理格局中带头角色的作用。

二、S街道多元协同治理格局的创新发展

S街道社区治理积极发动社会多元力量，结合政府和社会力量的优势所在，形成了多元治理主体互相配合、协同发展、共促共进的社区治理格局。政府、社区居民、社会组织、社区街道以及社会单位，经过长期发展和探索，形成了社会动员中心、社区创享计划的居民提案大赛、社区志愿服务队伍建设、城市管理等个性化的融合机制，结合多元主体各自的优势，对社区进行多元协同治理，维系社区的正常运行和发展。

第一，在S街道社区的治理体系中，政府更多发挥主导作用，通过政策推动和主动改革，对其他的治理主体进行引导、管理和支持。第二，辖区企业在社区活动中发挥着重要的支持作用，其中的杰出代表能够积极配合社会治理活动，承担其应有的社会责任。第三，各个社区和社区"两委一站"是将各种治理主体连接到一起的纽带，也是社区服务主要的承接对象，其工作人员对社区事务能够全力以赴、紧贴群众。第四，在街道辖区内开展活动的社会组织，绝大多数都能够有效促进自身与街道之间形成良性互动，尤其是围绕社会动员中心，在公益志愿服务、社区帮扶、社区矫正方面发挥着十分重要的作用。第五，社区居民是社会治理最广泛的基础和力量，我们在调研中就遇到了很多热心社区事务、志愿奉献服务、始终任劳任怨的社区志愿人士，为社区和邻里贡献自己的时间、精力和才智。

此外，如前所述，S街道通过多种措施，形成了成熟完备的多元主体培育机制，通过这些方式充分发挥多种社会力量在社会治理中的作用。具有代表性的主要有社会动员中心、社区创享计划、居民提案大赛、社区志愿服务队伍建设、城市管理中心等。

三、S街道多元协同治理格局的运作逻辑

政府统筹主导、社会组织协助、辖区企业配合、社区自我治理是街道社区进

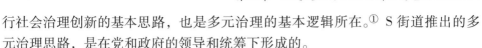

行社会治理创新的基本思路，也是多元治理的基本逻辑所在。[①] S街道推出的多元治理思路，是在党和政府的领导和统筹下形成的。

首先，政府处于核心地位，但是职能逐渐由管理向服务转变。[②] 政府作为统筹者，所做的工作主要是进行战略规划、提供社会资源以及进行有效的监督。其次，社会组织协助可以使政府摆脱烦琐的事务，同时也能拓展社区服务的种类，让更具有专业性的组织提供服务，也能提高社区服务的质量，从而帮助社区居民获得更好的体验。再次，辖区企业配合一方面可以帮助政府实现职能的顺利转型，另一方面也是企业进行文化宣传的一种方式。最后，社区自我治理可以让居民通过共商共治等平台和机制，参与到社区的治理中，为社区治理建言献策。

传统的政府一元管理模式的弊端不断显现，而如果单纯依靠市场的力量，则又容易导致社区资源配置的混乱，从而无法达到理想的社区治理效果。多元化治理模式正是介于"政府失灵"和"社区失灵"之间的一种治理方式。所以说，S街道"一个统筹、一个协助、一个配合、一个自治"就是一种基本的多元协同治理逻辑。本书通过对S街道具体实践经验的考察，对其多元治理模式进行了分析和探讨，希望这种方式能为我国其他地区的社区治理机制改革贡献有益的经验。

第四节 明确自上而下与自下而上双向互动的创新逻辑

一、从"自上而下"到"上下联动"的治理轨迹

所谓"自上而下"的治理是指政府等公共权力机构借助行政层级体系，将实施治理的政策、行动和观念，单向地从较高行政层级向较低行政层级逐渐传递、下达的过程及其体系。与之相对应的是，"自下而上"的治理是指实施治理的行动、观念和结构由较低行政层级向较高行政层级传递的过程。一般而言，"自上而下"意味着政府对社区和民众的管理，自下而上意味民众参与、自治力量和对政府的监督。在我国以往的基层治理实际中，"自上而下"的管控占据大多数，"自下而上"的通道比较薄弱。

20世纪90年代中期兴起的社区建设运动，使得社区居委会治下的居民自治

---

① 赵孟营、王思斌：《走向善治与重建社会资本》，载于《江苏社会科学》2001年第4期，第126～130页。

② 尹广文、李树武：《多元分化与关系重构：社会组织参与城市基层社区治理的模式研究》，载于《理论导刊》2015年第10期，第35～39页。

普遍开展起来。但行政主导加制度约束的方式依然使得"自上而下"的治理方式占主流。社区建设过程中，原有的管控方式依然存在于社区之中，居委会的行政化，使之成为基层政权的辅助组织、排除和延伸机构。社区其他主体对社区治理的参与和服务贡献作用得不到发挥。

党的十八届三中全会公报提出，"全面深化改革的总目标是完善和发展中国特色社会主义制度，推进国家治理体系和治理能力现代化"。在国家的社会治理体制框架中，基层社会是国家创新社会治理体制的重要领域，社区作为基层社会领域网状治理结构的重要节点，是一个"麻雀虽小，五脏俱全"的微型社会生态系统。作为基层社区治理的重要载体与基础，社区治理创新成为推进和创新社会治理的突破口。基层社区治理创新必须处理好三对关系：街道与社区的关系、社区与居民的关系、社区与社会组织的关系。总的来说，基层社会治理创新的根本就是处理好政府与社会在社区治理中的关系。社区治理创新作为社会治理创新的重要组成部分，逐渐被社会大众所关注。

不少学者认为，新时期我国社会治理创新的合理路径选择应该是"上下联动式"的治理逻辑。这种逻辑强调，在国家或政府系统适度调整的同时，还能与社会系统的有效建构互动。我们认为，这种路径无疑对于中国当下的社会现实来说是更具有针对性的。而 S 街道的社会治理则正是这种路径的具体表现，在城市社区的层面上以公共治理推进社区自治，从而使社区融入整个国家社会生活，不仅创新了社区治理，同时也可以在社区居民的民主参与中完善基层的行政体制规划，建构和谐的社区和发展功能健全的社会组织。

二、S 街道"上下联动"实践经验的形成

S 街道的实践把"自上而下"和"自下而上"两条通道有机结合起来，主要是通过实施街道党政群共商共治工程开创了全新局面，此举有效地缓解了单一治理通道带来的管控压力。这种"上下联动"治理路径的成型，也经历了一个较为丰富的发展过程。

第一步是"搭平台"。S 街道实施的党政群共商共治分为 A、B、C 三级平台，A 类平台是街道议事协商会，社区的居民通过 A 类平台共商地区的重大公共事务；B 类平台是社区议事协商会，社区居民在社区中对需要解决的社区事务进行自治和基层民主协商；C 类平台是楼院议事协商会，各个楼院的居民依托楼院的自治单元格对楼院需要解决的问题进行讨论和协商，并进行优化与重组。通过入户、《今日社区》报、社区网、13 社区网及其他方式收集的居民需求，根据具体情况通过不同的平台进行解决。A、B、C 三级平台代表着三个不同的治理层级

或治理单元，涉及楼院—社区—街道"三位一体"和街道—社区—居民的"垂直关系"，自上而下与自下而上的双向通道在三级平台上逐渐显现。

第二步是"扩内涵"。共商共治的治理路径是S街道党委和办事处与居民一起探索的，在搭建A、B、C三级平台的基础上，努力实现共商共治的"四大延伸"：议事平台由社区向小区（楼院）延伸；项目主体由政府单一主体向多元参与主体延伸；内容由办实事向社区治理延伸；项目经费由单纯行政经费支持向社区资源融合延伸。这一系列的转变意味着，"改变过去传统的政府主导一切的做法"，也意味着"建立新型的社会多元治理新模式，意味着社会新秩序的诞生"①，更意味着双向互动治理路径又有了更深入、更全面的内涵。

第三步是"建程序"。将党政群共商共治在具体推进中划分为五个环节。在征集与审核阶段，楼门级、社区级议事协商会通过入户等多种方式收集居民需求，并对搜集上来的需求进行分类，分别报送街道、社区和楼院处理。讨论与研判阶段、协商与审议是正式开始阶段，通过召开议事协商会和"问政会"，投票表决确定年度项目。而落实与问责阶段、总结与评议阶段是确保整个工作流程合规合理的重要环节。五个阶段前后衔接、完整连贯，在实践中得到了很好的执行，现实效果日益显现。

三、S街道双向互动的社会治理创新逻辑

S街道通过健全的议事制度、科学规范的组织程序，拓宽了居民参加社会治理的范围和途径，使得居民更加清晰地认识到了自己的主体地位，提高了对公共事务的关注度、参与度，使居民能够更进一步发挥首创精神，解决自己身边存在的问题。总之，通过这一系列党政群共商共治工作的开展，S街道明确了自上而下与自下而上双向互动的创新逻辑，尤其是在自下而上的互动方面有显著提升。这样共商共治的方式不仅仅培养了基层群众的自治意识，更为重要的是开辟了让广大居民充分参与公共事务、决策公共事务的途径和机会。这种共商共治在很大程度上解决了由于居民意见不统一而将矛盾全部集中到政府这一难题。通过"提出问题—意见分歧—讨论协商—意见统一—组织实施"这种规范化的程序，充分发挥了居民自治的作用，在一件件项目获得真切落实的过程中让广大居民真正实现了社会治理的共建和共享。

截至2017年底，S街道依托三级议事平台，共产生楼门级议事代表1252名，社区级议事代表495名，街道级议事代表100名。除了按照科学规范的程序选举

---

① 吴桂英：《共商共治同心同向推动城市管理》，载于《前线》2016年第10期，第60～62页。

出街道党工委、街道办事处代表，社区党委、居委会代表，楼门长代表，居民代表，社会单位代表外，街道还邀请辖区、社区、驻楼的各级人大代表、政协委员、党代表、企业代表等加入代表队伍。S 街道办事处还发动媒体代表、社会组织代表、专业机构代表等参与并监督共商共治工作。通过广泛科学的民主协商，鼓励议事代表利用平台多提建议，提好建议，使得提案建议更加科学合理。

我们认为，随着经济社会的改革与发展，社会治理创新越发受到国家与政府的重视，且这一创新与每一个人、每个家庭的关系也日益密切。而城市社区治理则是社会治理创新的基础和重心，真正关系到城市社区居民的切身利益。S 街道通过明确自上而下与自下而上双向互动的创新逻辑为这一问题的解决贡献了有益经验。

第五节　紧跟社会治理创新的政策指引与现实需求

一、新时代对社会治理创新提出全新政策要求

作为社会治理的重要载体与基础，基层社区治理创新成为推进和创新社会治理的突破口。中国共产党十八届三中全会公报提出，"全面深化改革的总目标是完善和发展中国特色社会主义制度，推进国家治理体系和治理能力现代化"。在国家的社会治理体制框架建构中，基层社会是国家创新社会治理体制的重要领域，街道社区作为基层社会领域网状治理结构的重要节点，是一个"麻雀虽小，五脏俱全"的微型社会生态系统。从 1978 年改革开放至今，中国的经济发展速度令世人惊叹。经济快速发展带来了快速工业化、城市化，也带来了一系列社会问题，如贫富差距问题、失业问题、环境问题、健康问题、犯罪问题等。对于广大人民群众来说，经济高速增长到达一定阶段后，人们也越来越感受不到经济增长带来的生活提质。

在新时代背景下，我国"十三五"规划提出了五大发展理念：创新、协调、绿色、开放、共享。共享发展即要让每一位公民都有获得感，实际上就是政府政策能使每个人在经济社会发展中都有参与、有获益、有奔头，进而产生幸福感。

与此同时，我国新改革时期的城乡社区治理也面临一些大的变化：从单位制到社区制，从集体化到个体化，从熟人社会到半熟人社会、陌生人社会，从城乡二元格局到流动化社会。随着我国经济增长和社会转型，随着集体化和单位制的解体，一系列社会问题和矛盾也逐渐向基层下沉，于是基层的城乡社区（组织）

承受了越来越繁重、越来越复杂的治理使命。

北京市结合自身实际情况出台了《北京市"十三五"时期社会治理规划》，该规划强调：始终坚持以现实问题为导向、以群众需求为导向、以发展目标为导向；激发社会发展活力，加快推进街道社区管理体制改革，实现党和政府社会服务与城市管理工作重心下移；加快推进社会工作队伍建设，形成社会工作专业化、职业化和志愿服务常态化、规范化；完善党委领导、政府主导、社会协同、公众参与、法治保障的社会治理体制；加快推进社会服务精准化、社会治理精细化，构建多元共治共赢、全民共建共享的社会治理格局。

综上所述，相关政策的指引为S社区的建设提供了大方向上的保障，确立了工作的运行轨道。同时，S街道扎根自己社区实际，结合政策的规定和精神，利用多种渠道和手段创新社会治理方式。

二、S街道响应政策指引的六化治理创新

在规范化治理方面，街道党工委进行了一系列社会治理方面的有益探索，按照"秉承一种理念、坚持四项原则、实现六个提升、追求一个愿景"的思路，秉承"团结、奉献、务实、争先"的理念，坚持"统筹兼顾、科学发展，把控全局、突出重点，以人为本、共建共享，解放思想、创新驱动"的原则，全面推进党群建设、社会建设、公共安全与社会稳定、民生保障、城市建设与管理、地区文化建设，深化了社会服务管理创新，积极推动"和谐宜居新街道"建设。在社会治理创新方面也取得了很大成效。

在多元化治理方面，S街道社区积极发动社会多元力量，结合政府和社会力量的优势所在，形成了多元治理主体互相配合、协同发展、共促共进的社区治理格局。政府、社区居民、社会组织、社区街道以及社会单位，借助沟通、协商直至达成统一行动意志的所有环节，经过长期发展和探索，形成了社会动员中心、社区创享计划的居民提案大赛、社区志愿服务队伍建设、城市管理等个性化的融合机制，结合多元主体各自的优势，对社区进行多元协同治理提供保障，维系社区的正常运行和发展。

在协同化治理方面，遵循共商共治、共建共享的理念，S街道根据北京市朝阳区《关于统筹推进党政群共商共治工作的指导意见（试行）》的总体部署和要求，实施了党政群共商共治工程，搭建了"三级平台"，同时重点围绕"四个延伸"，具体的做法如下：一是实现"三个转变"，即由"共商"向"共治"转变，由必要性向可行性转变，由阶段性向常态化转变；二是坚持"四个一"原则，即"成熟一个、建立一个；建立一个，带动一批"；三是做好"三个倾斜"，即问需

问政向基层倾斜、各方资源向基层倾斜、各项政策向社区倾斜。党政群共商共治在具体推进中分为五个环节，分别是征集与审核阶段、讨论与研判阶段、协商与审议阶段、落实与问责阶段、总结与评议阶段。S街道通过规范社区议事的五大环节，为社区居民自治提供了良好有序的条件。

在网络化治理和精细化治理的详细实践中，可以发现S街道政策和实际相结合的处理方法。

首先，对网络新媒体技术的运用，使得社会治理精细化与网络化齐头发展。S街道运用"互联网＋"思维进行社区治理的创新性实践，构建了具有当地特色的"一网五中心"模式以及线上线下交流互通的平台，推出了13社区网、"掌上社区"微信公众号等众多的特色平台，举办了以"过精彩假期，做美德少年"等活动为代表的一系列经典的品牌线下活动，通过一系列努力形成了具有特色的网络化的社会治理路径。在取得良好效果的同时，"一路两街三片"城市管理精细化也发挥着重要作用，其以实现城市管理、社会治安、社会动员融合发展为目标，全面提升城市管理的精细化、科学化水平，进一步推动了社会治理的精细化和网络化水平。

其次，S街道在民主化治理方面大胆突破传统，构建多元化的社区治理模式。S街道还根据北京市和朝阳区的总体部署及要求，实施了党政群共商共治工程。如前所述，三级议事平台从多方面更新了传统的社区单一治理模式，从社区的多元化角度考虑问题，开创性地开发出多元结合的社区治理模式。此外，街道还先行先试，创新性地试行"街长制"，整合社区、社会单位、驻区民警、包片城管队员、工商执法人员、居民6方力量，成立了10个道路自治管理委员会，即"街委会"，推选有公益情怀、有参与热情、有组织能力的社会单位代表、党员或是企业负责人为"街长"。"街长制"正是S街道近年来创新社会治理方式的主要体现，它充分发挥多方力量，提高了居民对社区治理的参加度。

三、S街道社会治理直面民生需求

实地调研得知，社区居民的老龄化趋势明显，儿童青少年居民人口占比高、服务需求强烈，同时辖区内居民经济社会条件不理想的人群比例也不小。然而，接受调研的社区居民对于社区治理和服务的所有项目满意度都比较高。"非常满意"的人数占比基本都在20%左右，对于大多数项目，明确表示满意的人数占到了总人数的一半左右或者一半以上。"不太满意"和"很不满意"的比重，均低于10%。总体而言，从居民对于服务项目的正面评价我们可以看出，S街道的治理和服务项目得到了服务对象——社区居民的认可和肯定，取得了较好的效果。

正如改革需要顶层设计和摸着石头过河相结合一样，S街道在其社会治理实践中，一方面按照政策的规定和精神的引领，另一方面结合各个社区的实际情况和广大居民的实际需求，把二者有机融合起来，在社区治理规范化、多元化、协同化、网络化、精细化和民主化六个方面下功夫，为我国基层社会治理贡献了有益经验和生动案例。

第十章

S街道社会治理创新的模式与发展

第一节 S街道"六化治理"模式的建构

S街道近年来紧跟党和国家政策，通过对党的十八大以来一系列新思想的解读和对社会治理实践的探索，逐渐形成了规范化、多元化、协同化、网络化、精细化和民主化"六化治理"全新局面，对社会治理创新"中国经验"进行了很好的尝试。

一、规范化治理

规范化治理指的是S街道实施的社会治理及其创新始终坚持政策先行、依法依规。依法治理和提升社会治理法治化水平，是党和政府一再强调的方面，对公权力来说，只有做到"法无规定则禁止"，才能实现治理方式、治理手段有法可依、有规可循。近些年来，S街道针对国家"十三五"规划的要求，结合本地区社会治理创新过程中出现的问题，在提高社会治理服务创新水平的政策层面进行了不断探索，丰富和深化了具有地方特色的社会治理制度和形式。

新的发展阶段需要不断完善的治理体制和配套手段。为了呼应"十三五"规划中提到的"加快推进社会服务精准化、社会治理精细化，构建多元共治共赢、全民共建共享的社会治理格局"，近年来，街道不断加大在社会治理政策层面的工作力度和创新节奏。例如通过努力加强全模式社会服务管理体系建设，针对不同社区的地缘特征、区域环境、发展状况和居民需求，通过一系列政策措施积极培育和发展社会组织，引导专业性社会服务机构参与社区治理，建成和运行社会治理全新平台等，成为实现街道职能转变和社区建设与发展的主要内容。

二、多元化治理

多元化治理指的是S街道社会治理的主体创新。近年来，街道社区治理积极发动社会多元力量，在街道党工委的领导下，结合政府和社会力量各自的优势，形成了政府、社区居民、社会组织、社区街道以及社会单位等多元治理主体共促共进的社区治理主体结构。经过长期发展和探索，S街道形成了社会动员中心、社区创享计划的居民提案大赛、社区志愿服务队伍建设、城市管理等个性化的融合机制，结合多元主体各自的优势，对社区进行多元治理，维系社区的正常运行和良性发展。

在推进多元治理过程中，街道采取多种措施，形成成熟完备的多元主体培养机制，通过这些机制充分发挥多种社会力量在社会治理中的作用。具体举措如下：将居民作为主要的社区治理主体，以满足社区的需要为目的，同时引进、培育和孵化社会组织，动员辖区企业单位和商户的广泛参与，通过多元社区治理方法鼓励社区居民自我解决问题、自我进行社区管理，拓宽社区治理参与渠道，提高居民参与意识。

三、协同化治理

协同化治理是指S街道实施多元主体相互配合、共同行动的治理机制。改革以来，我国已经转变为一个多元化的社会，以往的政府治理和碎片化治理已不能适应现代社会治理的需要，社会结构的剧烈变动要求创新社会治理来适应变化了的社会环境。因此创新社会治理应该遵循"坚持系统治理，加强党委领导，发挥政府主导作用，鼓励和支持社会各方面参与，实现政府治理和社会自我调节、居民自治良性互动"的原则。[1] 这一顶层设计以多元力量协同参与的方式体现了我国政府主导下协同治理的特征，要求整合各种社会资源，充分发挥政府、社会组织及公众等社会治理主体的优势和作用，形成社会治理的整体合力。

过去，碎片化治理成为制约我国创新社会治理的重要障碍，因此要克服碎片化治理的现实困境，创新社会治理，必须实现协同化治理。"加快形成科学有效的社会治理体制，确保社会既充满活力又和谐有序。"[2] 因此，需要摒弃社会治理的碎片化，整合社会治理的组织、功能、资源等要素，实现社会治理的协同

---

①②　《中共中央关于全面深化改革若干重大问题的决定》，载于《人民日报》2013年11月16日。

化。S街道在政府、社会组织及居民等社会治理主体平等、理性的沟通与回应下，把社会治理系统中各种相互之间无规则、无秩序的要素在一个相对统一的组织结构中有机地整合起来，使社会治理系统中的各子系统由无序状态转变为具有一定规则和秩序的、相互补充和配合的状态，实现了稀缺资源的最优配置与公共利益的最大化。

四、网络化治理

网络化治理指的是S街道社会治理注重渠道和载体的创新，积极运用互联网等开辟新媒体治理路径。互联网技术已经覆盖社会生活的方方面面，成为驱动创新的新的重要力量，国务院出台的《关于积极推进"互联网＋"行动的指导意见》指出，"互联网＋"成为经济社会创新发展的重要驱动力量。"互联网＋治理创新"也成为各方关注的议题，同时也为推进治理现代化提供了契机。

S街道结合时代发展要求和社区工作实际，运用"互联网＋"思维进行社区治理的创新性实践，构建了具有地方特色的"一网五中心"模式以及线上线下的交流互通的平台，推出了13社区网、"掌上社区"微信公众号等众多的特色平台，举办了以"过精彩假期，做美德少年"等活动为代表的一系列经典的品牌线下活动，通过一系列努力形成了具有社区特色的网络化的社会治理路径。

五、精细化治理

精细化治理指的是S街道实施的是更加准确符合人群需求、时空划分更加细致的治理方式。社会治理精细化就是在社会治理的过程中引入精细化这一管理理念，以最低的成本、更加专业的治理手段，实现更加优质、更加关注细节和更加人性化的治理效果。[①] 此外，社会治理精细化又是一个柔性化的过程，在这个过程中，以人和人性为中心。这是实现社会治理精细化的价值导向和精神保证。党的十八届五中全会提出了"推进社会治理精细化"的战略。由此可见，推进社会治理精细化是我国社会治理创新的重要方面。

社会治理精细化具有多方面的特征，相对于传统的社会治理，具有良好的治理效果，即在相同的时间内完成更多的任务或完成相同的任务花费更短的时间，

---

① 姜晓萍：《国家治理现代化进程中的社会治理体制创新》，载于《中国行政管理》2014年第2期，第24～28页。

而且质量有保障或更好。精细化可以说是近年来S街道社会治理创新的一大亮点。例如，街道通过打造"一网五中心"的格局，积极调动各种社会组织力量，更加高效、高质量地解决社区治理的难题，从而达到更为高效的精细化治理。此外，在城市管理、网格化管理和为"一老一小"等弱势人群服务等方面，同样体现了其社会治理精细化的特征。

六、民主化治理

民主化治理指的是S街道社会治理注重最大限度发动社区居民和辖区社会力量参与。S街道在创新基层协商民主形式上成效尤其显著。街道的民主化治理在基层社会治理过程中，集中体现为党政群共商共治工程。街道根据北京市朝阳区委、区政府《关于统筹推进党政群共商共治工作的指导意见（试行）》的总体部署和要求，近年来实施了党政群共商共治工程，通过"三级平台""四大延伸""五大环节"充分动员辖区居民及单位参与其中，在社区自治的平台上切实解决地区治理难题。民主化治理是国家社会治理的主要方式，基层民主的发展更是充分彰显社会治理创新性的良好形式。

综上所述，S街道从"规范化治理""多元化治理""协同化治理""网络化治理""精细化治理""民主化治理"六大方面，系统实施了社会治理体制机制的改革与创新。本书正是通过前期的实地调研，在客观总结当地社会治理主要经验的基础上，展开对S街道全面深化社会治理体制机制改革创新的详细研究。一方面，我们希望能够将其社会治理创新经验进行系统性的总结和呈现，为全国其他地区的社会治理创新贡献"地方案例"和"地方经验"；另一方面，我们也努力通过理论联系实际的综合性考察，为S街道、其他地方乃至我国未来社会治理创新提出一些"接地气"的政策建议，以此为社会治理创新的"中国道路"出力。

第二节 全面深化：S街道"六化治理"模式的政策意涵

一、全面深化是新时代社会治理创新的根本要求

在顶层设计上，党的十八届三中全会《中共中央关于全面深化改革若干重大问题的决定》指出，当前全面深化改革的总目标是完善和发展中国特色社会主义

制度，推进国家治理体系和治理能力现代化，其中，把"社会治理创新"作为一个明确的战略目标提出来。我国的"十三五"规划对加强和创新社会治理也做了详细部署，提出社会治理要实现"精细化"的治理方式和共建共享的治理格局。① 党的十八届五中全会指出，全面建成小康社会新的目标要求之一就是国家治理体系和治理能力现代化要取得重大进展。社会治理是国家治理的分支范畴和子领域，② 而社区作为社会治理的单元细胞，是社会治理现代化的基层服务管理平台，因此通过社区治理的现代化发展，推动国家治理体系和治理能力现代化发展，是实现全面深化改革总目标的有效途径。

党的十八届三中全会提出要创新社会治理体制的理念，坚持系统治理、依法治理、综合治理和源头治理等，对"改进社会治理方式""激发社会组织活力""创新有效预防和化解社会矛盾体制""健全公共安全体系"这四个社会治理的方面进行了纲领性阐述。这就说明，在社会治理方式上，既要加强党委领导，发挥政府主导作用，还要推动不同社会主体的参与，实现政府为主、非政府组织发挥自治等方面的互动与良性发展；在创新社会治理和社会动员方面，应坚持综合治理，调动居民的积极性和参与性，在源头上切实满足广大人民群众的利益，健全各种基层综合服务管理平台，以第一时间了解到底群众需要什么，并据此有针对性地解决问题。

此外，党的十九大报告指出，我国已经进入中国特色社会主义新时代，当前社会的主要矛盾已经转变为人民日益增长的对美好生活的需要和不平衡不充分的发展之间的矛盾，因此习近平新时代中国特色社会主义思想与全面深化改革总目标是高度一致的，即完善和发展中国特色社会主义制度、推进国家治理体系和治理能力现代化。在社会治理领域，打造共建共治共享的社会治理格局需要从下列方面着手：一方面，加强社会治理制度建设，完善党委领导、政府负责、社会协同、公众参与、法治保障的社会治理体制；另一方面，提高社会治理社会化、法治化、智能化、专业化水平。

由此可见，全面深化改革就成为新时代我国社会治理的现实总要求。这是因为，党的十八大以来，从党和政府的一系列政策举措来看，我国社会治理的指导思想经历了从明确目标到不断细化深化、再到全面部署的发展过程。无论是党的十八届三中全会提出的系统治理、依法治理、综合治理和源头治理这四大治理方式，还是十九大提出的社会治理社会化、法治化、智能化、专业化，都是在论述社会治理的法治规范、主体多元、协同运作、技术运用、治理范围和政社关系。

---

① 《中华人民共和国国民经济和社会发展第十三个五年规划纲要》，人民出版社 2016 年版。
② 姜晓萍：《国家治理现代化进程中的社会治理体制创新》，载于《中国行政管理》2014 年第 2 期，第 24～28 页。

与此同时，近年来各地政府、各个部门相继推出系列社会治理创新举措，在社会治理实践创新上取得了丰硕的成果。

二、"六化治理"折射出S街道社会治理创新的内涵全面性

S街道按照"十三五"规划的总体要求以及北京市社会治理创新的十项重点任务，在具体的社区治理中采用"六化治理"模式：规范化治理、多元化治理、网络化治理、精细化治理、民主化治理、协同化治理。我们认为，S街道近年来所实施的"六化治理"模式就像一面绚丽的凸视镜，折射出的是整个地区社会治理创新的全貌。

这是因为，"六化治理"是依据我国社会治理过程中出现的一系列现实困境以及S街道的现实情况所提出的。当前该地区面临着城市建设现代化、社会治理规范化、群众需求更加多样化的治理挑战。作为CBD商务生活服务功能区、文化创意产业延伸区、城市升级改造建设区、困难群众聚集区，区域内居民需求也存在巨大差异，给公共资源的分配带来了巨大的压力。CBD商务生活服务功能区的定位，更突出了地区的服务性、功能性；地区高档小区与老旧小区、拆迁区并存的现状，决定了百姓需求的多样性，从基本生活需求到高层次价值体现需求，各不相同，体现在政治、经济、文化生活等各个领域、方方面面。可见，该社区由于特殊的地理位置和资源状况，社会治理方面存在城市治理任务繁重、城市管理工作相对棘手等难题。因此，针对不同问题，需要采取不同的应对方式：面对社区治理体系建设有待加强、区域统筹协调发展有难度等现实问题应实施"精细化治理"；针对政府逐渐放权、社会力量增强的现实情况，街道强调"多元化治理"，发动广泛的社会力量共同参与社会治理；针对我国社会治理中可能存在的"寡头治理"问题，街道在社区治理中广泛采取"民主化治理"，将社区居民或业主完全纳入社区自治的框架中，调动社区居民的积极性，形成社区各大群体共商共治的框架制度，努力真正实现城市社区的民主化治理；同时，针对我国社会治理中还存在的"碎片化问题"，街道联合社工、社区、社会组织以及社区居民，形成"四社联动"，发动最广泛的群众共同参与社区治理。

同时，S街道在推进社会治理创新中还积极推进社会动员的创新。社会动员是国家治理体系的重要组成部分，也是国家治理能力的重要组成部分，推动国家治理体系现代化，构建中国特色新型社会治理，必须加快我国社会动员机制的转型。西方国家在社会动员方面经过长时间的实践与发展有着丰富的经验，值得我们去借鉴。西方国家社会动员的有益经验可总结为"四化"，即：

"程序法治化""主体多元化""方式民主化""工具新媒体化"。"程序法治化"指的是要出台相关法律、法规，确保社会动员在法律允许的范围内运作；"主体多元化"则是指政府组织结构逐渐由"控制型"向"参与型"转变，社会动员方式由"传统型"向"网络型"转变；"方式民主化"指的是社会动员的实施必须以通过民主程序达成的目标共识为前提，政府为主导，政府官员、大众媒体、非营利组织、民众全民参与，相互协作，共同解决问题；"工具新媒体化"指的是在实施社会动员的过程中特别注重对新媒体的掌控与应用。由此可以看出，西方社会提出的"四化动员"理论与S街道"六化治理"相映相对。

三、"六化治理"反映了S街道社会治理创新的水平不断提高

当前，社会治理成为全世界范围内共同重视的重要工作，随着我国经济社会的发展，社会治理工作也取得了一系列进步。但是，我国正处于社会发展大变革、快速转型时期，各种问题层出不穷，社会治理工作也面临着各种挑战，要求我国不断进行社会治理创新。当前我国社会治理创新面临的挑战主要有以下几种：第一，转变政府社会治理方式。随着社会结构的解体与重组，管理方式必然要做出相应的调整。当前，社会整合机制不健全，政府社会治理方式与社会发展趋势不协调，这就要求加快政府社会治理方式转变，由"控制型"向"参与型"转变。第二，优化社会治理结构。社会治理需要社会各界的通力合作，需要各治理主体在保持一定自主性的同时相互协助，形成一种良好的自治治理机制，政府发挥其主导作用，同时也应充分发挥各社会组织与民间团体以及居民的作用，共同进行社会治理。第三，社会风险加大。这是由于我国发展进程进入了社会矛盾多样、社会问题频发的阶段，许多深层次问题被激发出来，而且在很长一段时间内，这种社会失调的状态都将保持下去，这是社会治理过程中必须面对的问题，需要在社会治理的实践中不断总结，不断创新。

在这样的背景下，S街道结合我国社会治理的实践经验以及街道的现实情况进行"六化治理"。例如，在社会治理中始终把坚持从严治党，使社会领域党建基础更加坚实。同时，S街道在工作中始终坚持协商民主，依托党政群共商共治工程，搭起了商户与居民互融互通共赢的桥梁，打通了居民反映需求、诉说意见的渠道。又如，S街道在治理中依托新媒体，创新虚拟社会治理，打造"互联网＋"的社区治理，给居民提供更加便捷的服务，促成更加高效的信息互联共享。通过上述举措，S街道逐步实现了对已有体制机制的深层次改革。

第三节　S街道"六化治理"模式的理论品格

一、"六化治理"的逻辑意涵

如前所述，近年来S街道在推进社会治理创新进程中主动求新求变，在街道党委、办事处的统一谋划下全面系统地深入基层、深入群众，实施了一系列的治理新举措，我们称之为"六化治理"新模式。其中，"规范化治理"指的是S街道实施的社会治理及其创新始终坚持政策先行、依法依规。"多元化治理"指的是街道社会治理的主体创新。"协同化治理"是指街道实施多元主体相互配合、共同行动的治理机制。"网络化治理"指的是街道社会治理注重渠道和载体的创新，积极运用互联网等开辟新媒体治理路径。"精细化治理"指的是街道实施的是更加准确符合人群需求、时空划分更加细致的治理方式。"民主化治理"指的是街道社会治理注重最大程度发动社区居民和辖区社会力量的参与，尤其在创新基层协商民主形式上成效显著。无论是从社会治理的相关理论还是从"六化"的内在逻辑看，新模式都具有明显的逻辑性。

根据新制度主义的观点，模式是一种理论简化，是对现实事件的内在机制和事件之间关系的直观、简洁的描述，表明事物结构或过程的主要成分及其相互关系。新制度主义理论学派的代表人物诺思认为："制度是一个社会的游戏规则或在形式上是人为设计的构造人类行为互动的约束，是一系列被设计出来的规则、守法程序和行为的道德伦理规范。"[①] 可以看出，在新制度主义理论中，制度概念的含义非常广泛，既包括规则和程序，也包括组织本身，既有政治、经济和技术等方面的因素，也把文化、道德甚至意识形态等纳入了其范畴。因此，这里借用新制度主义理论学派关于制度的概念，从组织与构成、程序与过程，以及文化背景与价值规范三方面，尝试性地将社会治理制度界定为：由现代社会设计出来的维系和优化社会秩序的一系列组成与结构、运作程序和文化价值体系的总称，其中包括制度结构、制度运作和文化背景三个要素，而制度结构包括社会治理的主体结构与对象及其产生形式，制度运作包括社会治理机制、路径与方式，制度文化背景是指社会治理政策与价值规范。

---

① ［美］诺思：《经济史中的结构与变迁》，陈郁等译，生活·读书·新知三联书店上海分店1991年版，第37页。

因此我们认为，"多元化治理"突出了S街道治理新模式中的主体结构创新，"协同化治理"凸显了新模式中的治理机制创新，"网络化治理"反映了新模式中的治理路径创新，"精细化治理"突出了新模式中的治理方式创新，"民主化治理"体现了新模式中广泛发动居民的对象（及其产生形式）创新，"规范化治理"体现了新模式中的依法依规创新。

进一步来说，S街道"六化治理"新模式中的六个环节又是息息相关、缺一不可的。

首先，从治理的主体与运作、对象及其产生两个层面来说，多元化治理、民主化治理、协同化治理都是对社会治理主体、对象及其运作的要求。多元化治理要求社会治理主体多元，民主化治理就是突出人民群众的主体地位和作为治理服务对象的角色，协同化治理是对多元治理主体的进一步要求，要求实现社会治理中多元主体相互协作的良好运作机制。

其次，精细化治理以及规范化治理是对治理过程的总体要求。精细化治理是对国家政策要求"社会治理精细化"的积极回应，是从管理的层面上对社会治理提出的新要求与新方向。规范化治理在社会治理的过程中规范治理的每个环节。这二者都是要求在多元化治理、民主化治理、协同化治理以及网络化治理的过程中注重细节，关注人性，刚柔并济，都是需要在社会治理过程中更加注重细节上的把握。

最后，网络化治理是载体和工具。在信息高度发达的今天，将互联网和其他领域结合起来是新趋势，社会治理要主动运用新媒体，将社会治理的方方面面同新工具结合起来，突破传统社区治理线下治理模式，建立线上治理系统，这样不仅可以完善线上线下的配合，而且可以节省人力物力和空间，提高治理实效。

综上所述，从社会理论相关性角度分析，S街道"六化治理"具有丰富的创新意涵，同时从"六化"内在关联性角度分析，六大类实践相互之间也关联密切。

二、"六化治理"的政策要义

党的十八届三中全会提出要"创新社会治理体制""建立科学有效的社会治理体制"。党的十八届四中全会在此基础上进一步提出"坚持系统治理、依法治理、综合治理、源头治理，提高社会治理法治化水平"。党的十九大报告提出"打造共建共治共享的社会治理格局"，再次强调"加强社会治理制度建设"，完善党委领导、政府负责、社会协同、公众参与、法治保障的社会治理体制，同时要求"提高社会治理社会化、法治化、智能化、专业化水平"，此外还明确提出了"加强社区治理体系建设，推动社会治理重心向基层下移，发挥社会组织作用，实现政府治理和社会调节、居民自治良性互动"的战略任务。S街道"六化治理"与这些国家政策要求有着高度一致的政策含义乃至更新的实践尝试。

第一，规范化治理的依法治理要义。所谓依法治理，就是依照体现人民意志和社会发展规律的法律而不是依照个人意志、主张进行治理；要求在治理的过程中，各方面的活动均依照法律进行，而不受任何个人意志的干预、阻碍或破坏。简而言之，依法治理就是依照法律来治理。S街道社会治理创新施行"六化治理"，其"规范化治理"正是在严格执行国家"依法治理"政策的前提下，结合本社区实际情况，在社区治理中，严格按照"十三五"规划的要求，在党的建设、社区规范化治理、社区人才队伍建设，社区精神文明建设中严格依法依规依章治理。不论是"依法治理"还是"规范化治理"，其核心都是要求社区在治理的过程中严格按照国家法律以及相关政策执行。

所以，从根本目的上说，"依法治理"根本目的是保证人民充分行使当家做主的权利，维护人民当家做主的地位；"规范化治理"的根本目的则是维护社区居民的相关利益，帮助居民解决各方面困难。从这个意义上来说，二者的最终落脚点又是相同的。但是，"规范化治理"和"依法治理"也存在不同点，前者包含在后者里面，"规范化治理"所依据的"规范"必然包含在"依法治理"的"法"里。从治理的主体上来说，"依法治理"的主体是人民群众，其任务是在党和国家领导下依照宪法和法律规定进行各项社区事务的治理。而"规范化治理"强调的是各个治理主体（社区、社会组织、专业社会工作者以及居民）相互协作，按照国家法律与相关政策相互配合管理社区内的公共事务。

第二，多元协同治理的系统治理要义。所谓系统治理，是从治理的主体结构角度提出的全新治理政策，是指在各级党委的领导下，政府、社会组织和公众等多种治理主体共同参与治理活动及其过程。从这个内涵定义来看，系统治理具有两个层面的体现，即多元主体共同参与、共建共治的新型治理。

第一层面，系统治理要求实施的一定是多种主体都能参与的新型治理，即通常所说的"多元治理"。多主体的参与是治理理论的一种典型观点，"治理指出自政府、但又不限于政府的一套社会公共机构和行为者"，[①]这说明，多元主体参与治理改变了以往政府单一的治理角色，私营和志愿机构也越来越多地参与进来。同时，这也是社会治理创新带给中国的重要变化，体现了社会治理社会化水平。

---

① 俞可平：《治理与善治》，社会科学文献出版社2000年版，第34页。

第二层面，即共建共治的协同治理。按照党的十九大报告加强社会治理制度建设，完善党委领导、政府负责、社会协同、公众参与、法治保障的社会治理体制的要求，共建共治中的多元主体包括党委、政府、社会（组织）和公众（个人）等，每一方都在其中承担着相应的治理职责，分别对应的是领导、负责、协同和参与职责，只有多方共同协作，才能实现理想效果。共建共治的协同治理体现了社会治理的专业化水平。

第三，网络化治理体现了 S 街道社会治理智能化水平。网络化治理路径体现了社会治理渠道的载体的智能化。当今社会互联网技术已覆盖方方面面，成为驱动创新的重要力量，"互联网＋治理创新"也成为各方关注的议题，同时也为推进治理现代化提供了契机。随着互联网及其衍生的微信等新媒体的广泛应用，在国家社会治理进程中将互联网和社区治理相结合，不仅对社区治理大有裨益，更能使国家治理从中获益。所以说，网络化治理路径的探索和创新是响应"社会治理智能化"要求的一种全新治理实践；网络化治理是社会治理渠道的智能化，即运用互联网及其全新媒体平台搭建的全民的、新型的参与治理和互动共享的空间，所以也可称之为"社会治理网络化"或"网络化治理"。

利用互联网的互联互通这一巨大优势服务于社会治理创新，能够为基层社区带来高效便捷的全新治理渠道和开放共享的全新治理平台，在现实中起到事半功倍的良好效果。这与党的十九大报告所指出的"打造共建共治共享的社会治理格局必须提高社会治理智能化"是高度一致的，都是指善用互联网技术和信息化手段推进治理工作。所以说，基层社区治理运用互联网新技术，不仅可以节约管理的成本，更能增加管理的便利性，同时也将互联网的管理新思路融入实践中，使之成为社区治理新的法宝，体现了社会治理智能化水平。

第四，精细化和民主化治理的源头治理要义，反映了社会治理专业化水平。源头治理是社会治理有效性的基础和前提，是一种有效的社会治理方式。源头治理可以缓解社会紧张度、克服社会离散度、增强社会认同度和重建社会信任度。源头治理的原理告诉人们，在社会治理的过程中要重视把握社会问题的源头和起因。从具体的治理实践来看，社会问题的萌发离不开一定的社会群体和特定的矛盾纠纷，只要紧贴群众、畅通渠道，那么源头治理的目的就必定能够实现。

遵循这一准则再去考察"六化治理"就会发现，其中的"精细化治理"和"民主化治理"对应于源头治理，二者能够很有效地实现源头治理功能。一方面，在治理时空逐步细化的情况下，精细化治理体现的是对"人"定位的精准化，这样特定人群就被置于特定的治理框架之中，他们的需求、问题就会被及时有效地发现，从而解决问题于源头。另一方面，在民主政体下，给予各种社会利益团体以充分的表达权和表达渠道，能够有力地保证民众对政治的广泛参与，而参政程度的提高又会加强政府的统治基础和权威，促进国家与公民个人之间的良性关系。[①] 所以说，"民主化治理"通过打开利益诉求表达渠道为基层群众疏通参与社区公共事务的障碍，从而将特定的利益纠纷和矛盾化解于无形。

三、"六化治理"模式的综合架构

综上所述，S 街道近年来实施的"六化治理"实践，结合社会治理基础理论总结出的社会治理创新主要内容，以及"六化治理"蕴含的政策要义，构成 S 街道创新社会治理的"六化治理"模式全貌，具体见图 10 - 1。

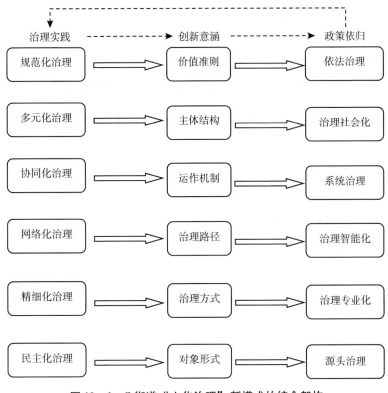

图 10 - 1　S 街道"六化治理"新模式的综合架构

从图 10 - 1 中可以看出，S 街道实施的"六化治理"全新实践具有丰富而全面的创新意涵，可对应划分为价值准则、主体结构、运作机制和治理路径与治理

---

① 李树忠：《表达渠道权与民主政治》，载于《中国法学》2003 年第 5 期，第 50~56 页。

方式，以及对象及其产生形式六大方面，同时"六化治理"还因应党和政府的政策精神，把贯彻好政策精神作为社会治理的出发点，把实施好政策要求作为社会治理的重要标准，六大方面也具有了深刻的政策要义。

可见，治理实践、创新意涵和政策依归共同构成社会治理创新"S经验"整体全貌，三者又是紧密相关的（即图中虚线部分所标示的联系）。其中，治理实践体现了丰富的创新意涵，且始终是以政策精神为依归，而治理实践又会上升为相关政策，反过来对具体实践形成更好的指导。从实践到政策再回到实践，这是一个循环的过程，前一半环节正是像"六化治理"这样的无数地方实践经验汇集成社会治理"中国经验"这样的顶层设计的过程，其典型特点就是自下而上；而后半程即从政策优化再回到具体实践，正是像S街道"六化治理"经验这样的无数地方和部门经验凝聚、总结的必要性所在，即上升为顶层设计并通过全党、全行业性甚至全国性的共识，从而能够更好地引领中国特色社会治理创新。

第四节　持续发力提升居民获得感 构筑社会治理创新新高地

一、坚持党建引领社会治理

中国共产党第十九次全国代表大会提出了习近平新时代中国特色社会主义思想，明确中国特色社会主义最本质的特征是中国共产党领导，中国特色社会主义制度的最大优势是中国共产党领导，党是最高政治领导力量。因此S街道今后推进社会治理能力和治理体系现代化，必须坚持以党的建设引领社会治理。

可见，党的领导是创新社会治理的"灵魂"。但关键问题在于，各级党委如何从党的建设角度，真真切切地起到对社会治理的领导作用。以街道党工委为切入点进行领导体制改革，是S街道社会治理体制创新的重大突破。调研得知，当地辖区居民对党建工作满意度是最高的，对于党建工作的参与度也很高，目前已基本形成了高使用度、高参与和高满意度的良性循环。

在此基础上，S街道以党建引领社会治理的具体举措为"党建创新五部曲"。第一，加强街道社区的基层党组织建设，一方面是街道党工委自身能力建设，另一方面扩大基层党组织覆盖面，尤其是做好社会组织党建工作，以此提升各级党组织推进社会治理创新的组织力和号召力。第二，充分学习、宣传、贯彻党有关社会治理的方针和政策，依托各级党组织渠道，开辟社区宣传窗口，让党委、党员和居民就社区治理取得更大共识，并与社会治理创新政策思路保持高度一致。第三，直接开展党员"不忘初心"教育活动，通过引导党员居民在社区治理中发挥先锋模范作用，起到凝聚群众、服务群众的教育效果。第四，广泛发动群众参与社会治理，尝试在社会治理中采取党群联系新方式，以党员和居民"一对一"的方式展开，从而实现以党员带动居民实现社区自治的目标。第五，推进党的基层组织设置和活动方式创新，实现党的建设与社区治理有效联动的常态化，将党的建设活动办在居民喜闻乐见的治理服务项目中，同时将居民提案大赛等治理项目的形式也运用于党建领域。

二、服务民生优化社会治理

社会治理创新必须要以更加积极的姿态将服务纳入社会治理。英国学者吉登斯最早提出，西方国家社会治理内涵从"解放政治"向"生活政治"转变，体现了全球社会治理的福祉主义趋势。这种趋势要求社会治理关注公民权利，运用社会工作等服务机制满足人的需求。这与我国社会治理创新的政策要求在逻辑上是一致的。党的十九大报告提出习近平新时代中国特色社会主义思想，明确指出增进民生福祉是发展的根本目的，保证全体人民在共建共享发展中有更多获得感。

这就是说，加强和创新社会治理必须坚持"在治理中体现服务，在服务中加强治理"的理念。在治理中体现服务，就是把"坚持以人民为中心"贯穿社会治理全过程，树立"多谋民生之利、多解民生之忧"的治理新思维，在治理中补齐民生短板，促进社会公平正义。在服务中加强治理，满足人民群众的共同需求、急切期待，解决基层社区问题，维护社会和谐稳定。

具体到S街道，今后的社会治理创新应更加着力于社区服务，切实满足居民需求。

第一，促进S街道全面建成小康社会。建立低保家庭档案，购买专业社工服务，形成"一对一"帮扶工作机制，从就业、求学、危机干预和心理疏导等多个维度，推进街道救助工作融入社会治理。

第二，大力发展为老服务。问卷调查显示，居民对于服务项目使用主要集中在为老服务和青少年服务，其中为老服务项目尤其明显，这与该地区居民人口老龄化问题日益严峻直接相关，填写问卷居民中61～87岁的老年人超过50%。

第三，加强青少年服务。继续做大"过精彩假期，做美德少年"青少年服务项目品牌，开拓社区—社工—学校—家庭"四位一体"儿童青少年服务架构，形成服务合力。

第四，进一步丰富居民文体活动形式。调查显示，社区居民中有90%以上的居民参与过文体活动项目，半数以上的居民对其使用频率非常高，这说明，文体活动项目在社区居民中的接受度、普及度和使用度均较高，居民对文体项目的参与热情明显。街道应在居民倾向性最明显的文体活动上做足功夫，在活动经费、材料设备及所需场地等方面为居民创造条件，满足他们对丰富文体活动的追求。

三、突出优势加强社会治理

统观S街道社会治理可以发现，近年来当地在社会治理创新领域已经取得了不少成就，也积累了相当一部分优势项目，因此今后应该继续发挥已有优势，进一步夯实基础、强化优势，从而推动街道社会治理不断创新。

第一，继续发挥社会动员中心在街道社会治理中的枢纽功能。在"一网五中心"的架构下，全面落实各项应有职能，加大"13社区网"宣传力度，提高其使用频率；突出区域党建指导中心的作用，以创新党建活动形式引领社会治理创新；持续加大社会组织指导服务中心在孵化培育社会组织方面的工作力度，尤其是面向社区居民更多实施社区中介组织和居民团体的培育扶持项目；家庭综合服务中心应更加明确其职能定位，突出"家庭"作为服务对象的位置，更多开展面向低保家庭、孤残人士和失独、空巢父母等特殊人群的专业化、个性化服务；社会单位服务中心今后应在发动社会单位参与街道社会治理活动的基础上，更加注重挖掘和吸引社会单位的经济资源，形成街道内在资源与社会单位外援相结合的资源筹集渠道，并更多地向困难人群倾斜。

第二，充分运用好目前辖区居民对社会治理的参与热情。社区居民对于社区的治理服务项目参与热情度相对较高，社区主人翁意识较强。相比较而言，居民对于志愿者队伍、文体活动、党建工作、环境整治、慈善捐赠的参与度更高，其中，志愿者队伍的参与情况表现得尤为突出。据此，今后S街道更应在当前工作基础上，大力发展志愿服务活动，通过加大对社区创享计划的支持力度和招募覆盖面，持续发力志愿服务队伍建设，并以此带动文体活动、环境整治和慈善捐赠及社区其他服务活动更加活跃。

第三，利用"掌上社区"治理信息平台，继续推进社会治理智能化。调查显示，"掌上社区"微信公众号的居民普及度和使用度相对较高，但仍存在提升空间。因此，一方面要加强"掌上社区"微信公众号内容的现实针对性，打通线上线下活动，营造线上交流、线下参与的互补效应；另一方面要结合"掌上社区"信息发布的优势，采购一批数字终端设备安装在各个社区或关键位置，方便居民查阅和发布信息，实现人机联通的实时治理，大力提升社会治理智能化水平。

第四，系统优化共商共治 ABC 治理项目。调查结果显示，共商共治 ABC 项目与"掌上社区"都是最受居民欢迎且参与度最高的项目，可见共商共治实践在 S 街道居民中已经深入人心。因此今后在社会治理中，应继续推进共商共治 ABC 项目，使其得以系统优化。具体来说，A、B、C 三个层面都需要委任专人作为议事长，由其负责组织议事会议、联系议事人员、协调议事时间以及收集、发布议事信息。此外，街道领导、社区负责人应定期参会，变"居民共商"为"与居民共商"，进一步提升街道公共事务民主化决策水平。

四、变革体制促进社会治理

改革以来，随着单位制的解体重构，社区建设被摆到了日益重要的地位，我国的街道职能也逐渐转变为以民生保障和社会治理为主导。然而由于制度惯性的缘故，长期形成的城市街道行政管理体制至今仍被保留，面对大城市人口流动性加剧、利益矛盾纠纷错综复杂、各类公共安全性风险高发及居民群众物质精神生活需求不断提高的形势，以往的街道管理服务体制已经越来越不适应，[1] 需要花大力气实施变革。

近年来北京市委进一步深化街道管理体制改革，专门出台了街道体制改革文件，进一步明确了街道职能定位，主要包括加强区域党建、开展公共服务、统筹辖区治理、组织综合执法、指导社区建设等。以 S 街道的实际为例，在居民问卷调查结果中，有近 30% 的居民表示过"担心搞形式走过场"，无法将街道实施的社会治理"创新"落到实处，真正实现社区治理和服务的创新与发展。可见，对街道、社区为民服务、社会治理等一系列举措，辖区内居民尚存在一定的不信任，究其根源是对街道和社区的管理服务体制存在疑虑。所以，在北京市特大城市建设发展的现实背景下，街道今后更应有足够的决心和勇气，从自身的工作体制上下功夫，构建"一联、三制、一考核"，具体如下。

"一联"是指街道各个职能科室、管理服务部门之间的联动。通过实地访谈发现，街道层面目前绝大部分科室、部门都涉及社会治理创新工程，但各行其是、彼此隔离的问题比较明显。社会治理现代化要求各部门进行高水平的协同联动，因此街道今后可以尝试通过设立专门委员会，以治理或服务项目为主线，打通各科室、部门的工作壁垒。例如，围绕残障人士服务，由街道残联牵头，将涉

<hr>

① 李友梅：《我国特大城市基层社会治理创新分析》，载于《中共中央党校学报》2016 年第 2 期，第 5～12 页。

及残疾人服务的社区、社工、动员中心、救助、低保等多方人员组织成一个残疾人工作委员会，因事而设、因事而议，既彼此独立又协调统一。

"三制"分别是指社会组织管理机制、社区服务协同机制和危机干预应对机制。社会组织管理机制要求街道今后在国家有关社会组织管理服务的政策法规指导下，明确鼓励发展社会组织尤其是居民自发形成的社区中介组织主基调，加大社会组织这一新兴社会力量的党建力度，通过街道和社区两级党组织的辐射带动，引导社会组织开展形式多样的服务与自我服务活动，自觉主动参与街道社会治理系统工程。社区服务协同机制是要求街道今后的社会治理创新的着力点在于多为居民尤其是困难群众提供服务，可以尝试逐渐形成党、政、社、民联席会议，使共商共治 ABC 从"居民共商"转变为街道领导亲身参与的"与居民共商"，创造街道领导、职能科室、社区和居民更多面对面的机会，目的是打通民情、民意上传下达的"最后一个环节"。危机干预应对机制要求街道始终把公共安全放在社会治理首要目标位置，要有专管领导负总责，安全生产监督部门、城市管理部门联合行动，实现提前预防、源头治理，此外也要在现有安全巡逻队伍的基础上，筹划设立安全宣传队伍。以上"三制"是为进一步细化街道社会治理工作各方任务所提出的政策构想。

"一考核"是指在可能的条件下，尝试推行社区工作者量化考核制度。可以从德、能、勤、绩、廉五大方面设置考核指标并赋分，考核由自评、主管科室评分和居民评分三部分构成，最后计算总分。推行社区工作者量化考核制度的优势在于：一方面，考核结果可以直接用于年度评优、评先进等工作；另一方面，以考核促提升，使考核指标深入每一位社区工作者的内心，内化为他们的行为准则，促进他们提升工作能力和规范化服务的水平。

五、整合资源深化社会治理

基层社会治理不仅需要抓住已有优势，更应该在补足短板上下功夫。值得注意的是，在满意度调查中发现，有一定比重的社区居民对于项目的主观评价态度是"不清楚"，这可能是因为对于社区的项目内容不明确，或者说对于项目的使用度和参与度比较低。这就需要街道社区在下一步的工作中有针对性地进行宣传和提供服务，使更多的社区居民成为社区治理和服务项目的参与者、使用者和受益者。

其中街道办应该积极引导，在社区建设中整合资源、推动社区发展。[1] 问卷

---

① 刘成良：《行政动员与社会动员：基层社会治理的双层动员结构》，载于《南京农业大学学报（社会科学版）》2016 年第 3 期，第 137～145＋160 页。

调查结果显示，居民对社区心理健康咨询服务、婚姻家庭咨询、残联业务、社区法律咨询和妇联业务的满意度相对较低。另外数据显示居民对这些服务的参与少，所以从这些项目上获取资源度低，自然满意度不高。因此，街道需加强对各种咨询类服务项目的宣传，让更多的人意识到这些社区资源的重要性，并学会利用和参与这些项目，从而实现良性循环。

这就是说，S街道社会治理创新的推进需要从资源整合的角度，解决一些深层次的矛盾和问题，补齐短板，从而实现跨越。具体思路有三条：完善街道政府购买社会组织服务项目运行机制、灵活创新街道居民提案大赛，以及深化社会单位合作机制。

第一，完善街道政府购买社会组织服务项目的运行机制。街道的政府购买项目在推进社会治理创新中起到穿针引线的作用，在街道向社会组织放权的同时，也为社会组织提供了资金来源。虽然S街道实施政府购买项目的做法已有几年时间，但今后仍需完善其运行机制。一方面是"加大增量"，即增加街道层面政府购买项目的资金投入，丰富购买服务的类型，引进新的地区治理和民生服务项目，扩大政府购买项目的覆盖面。另一方面是"用好存量"，即在财力有限的条件下，通过每年定期滚动式支持，帮助社会组织打造地区治理特色项目和服务品牌项目。

第二，灵活创新街道居民提案大赛。从根本上说，居民提案大赛不仅仅是居民组团参与社区治理与服务的过程，更是街道自上而下输送资源支持治理与服务项目的过程。作为朝阳区的品牌项目，S街道应该在居民提案大赛灵活创新上"做文章"。目前居民提案大赛的具体做法是，居民提出提案，然后组团竞标，最后由提案人带队落实提案。建议今后街道进一步将居民提案大赛的权限下放到社区，以社区为单位每年开展此项工作。这样做的好处在于提案更具有针对性，评比时社区也能更好地把握，且可以在项目监督方面具有更多的话语权。此外，结合政府购买服务项目，为居民提案项目的落实配备专业社工，全程辅助提案落地执行，增强项目团队解决现实问题的能力。

第三，深化社会单位合作机制。辖区内外社会单位是蕴含巨大资源量的重要治理主体，也是需要履行一定社会责任的法人主体。S街道在目前的社会治理中能够发动社会单位参与社会治理即"出人力"，这是社会治理社会化的重要体现。但今后的社会治理越来越需要资金的积累和资源的整合，这就需要充分挖掘社会单位的财力、物力，尤其是资金上的直接支持。但是这项工作难度很大，需要有很好的治理和服务项目，而且能与资助单位的社会责任有很大契合度。

六、丰富内涵拓展社会治理

在调研中，我们收集了居民对于社区建设的一些建议，主要集中在以下几个方面：首先，在基础设施建设方面，居民希望能够"安装电梯、摄像头、报箱"等，以提高生活便利度；其次，希望能为社区居民建设更多的社区娱乐设施；再次，在社区环境方面，希望能加大小社区环境治理，美化社区环境；最后，在社区服务方面，希望对于老年人的服务能更加细化，加强养老服务。

因此，围绕居民现实需求，结合北京市社会建设政策要求，我们认为，转变街道体制之后，街道层面主要就是围绕如何推动基层治理创新，做强、做实、做大开展工作。[①] "做强"是指基层治理创新要更具实效性，即效果上要强；"做实"是指基层治理创新要更具针对性，即目标锁定上要精确；"做大"是指基层治理创新要更具广泛性，即覆盖人群更具全面性。做强、做实、做大的三大要求对当地社会治理创新具有启发意义，今后街道推进社会治理创新需要在不断丰富内涵的基础上拓展社会治理。

"包容性"是丰富社会治理内涵的根本准则。丰富内涵主要是针对那些居民使用率高的项目而言的。调查结果显示，社区服务项目中针对弱势群体的帮扶和志愿服务类的项目，如优抚优恤、慈善捐助、志愿服务和社会救助，居民使用度均较高，其中志愿服务和慈善捐助项目的高使用度特征尤其明显。针对这些项目面向困难居民的特征明显，街道今后的任务在于，通过一系列资金支持和专业人才引入，将这些项目从"广覆盖"的"做大"发展为"做实"和"做强"。在这其中专业社工的引入至关重要，有助于形成专业社工指导、志愿队伍执行的"双工联动"局面，进而实现"一家一户一人不掉队"。

"提升获得感"是拓展社会治理覆盖面的最终落脚点。"获得感"是居民对日常生活各方面的一种综合感受，提升获得感需要多方面的治理与服务项目形成民生服务合力方显效果。因此，今后S街道社会治理和服务还应在"扩大覆盖面""丰富类型"上多下功夫。比如，调查数据显示，S街道居民家庭日常生活中遇到的困难主要集中在家政维修和医疗保健方面，分别占到30.7%和28.9%。这就是说，未来街道必须在家政维修上采取一定的措施，可以适当采取政府购买市场化服务为特困家庭（如残疾人、高龄老人等）提供定期家政维修服务。此外，医疗保健目前多被商业性推销和宣传所充斥，甚至有老人受骗上当的情况，

---

① 宋贵伦：《深化街道体制改革　推动基层治理创新》，载于《中国党政干部论坛》2015年第12期，第63～64页。

街道应就此专门采取措施，保护老年人利益。

总之，我们认为今后基层街道社区如能从上述六大方面着手，定能在社会治理创新系统工程上更进一步，在满足广大社区居民日益提高的对美好生活追求的同时，也能实现中央和市区所提出的简政放权、创新基层治理的政策目标。

主要参考文献

［1］［德］赫尔曼·哈肯：《协同学——大自然构成的奥秘》，上海译文出版社 2005 年版。

［2］［德］滕尼斯：《社区与社会》，林荣远译，商务印书馆 1999 年版。

［3］［美］K. 多伊奇：《社会动员与政治发展》，岳西宽译，载《国外政治学》1987 年第 6 期。

［4］［美］R. E. 帕克等：《城市社会学》，宋俊岭等译，华夏出版社 1987 年版。

［5］［美］哈罗德·拉斯韦尔：《社会传播的结构与功能》，何道宽译，中国传媒大学出版社 2012 年版。

［6］［美］罗伯特·普特南：《使民主运转起来：现代意大利的公民传统》，王列、赖海榕译，江西人民出版社 2001 年版。

［7］［美］曼库尔·奥尔森：《集体行动的逻辑》，陈郁等译，上海三联书店 1996 年版。

［8］［美］诺斯：《经济史中的结构与变迁》，陈郁等译，上海三联书店 1991 年版。

［9］［美］詹姆斯·N. 罗西瑙：《没有政府的治理》，张胜军等译，江西人民出版社 2001 年版。

［10］［日］菱田雅晴：《现代中国の构造変动：社会—国家との共栖関系》，东京大学出版会 2000 年版。

［11］薄谊萍：《坚持党的群众路线与创新社会治理——以北京市西城区为例》，载《理论与改革》2015 年第 5 期。

［12］陈成文、赵杏梓：《社会治理：一个概念的社会学考评及其意义》，载《湖南师范大学社会科学学报》2014 年第 5 期。

［13］陈鹏：《城市社区治理：基本治理模式及其治理绩效——以四个商品房社区为例》，载《社会学研究》2016 年第 3 期。

［14］陈剩勇、徐珣：《参与式治理：社会管理创新的一种可行性路径——基于杭州社区管理与服务创新经验的研究》，载《浙江社会科学》2013 年第 12 期。

[15] 陈思、凌新：《社会治理精细化背景下社会组织效能提升研究》，载《理论月刊》2017 年第 1 期。

[16] 丁元竹：《社会管理发展的历史和国际视角》，载《国家行政学院学报》2011 年第 6 期。

[17] 格里·斯托克：《作为理论的治理：五个论点》，载《国际社会科学（中文版）》1999 年第 1 期。

[18] 韩玲梅：《阎锡山实用政治理念与村治思想研究》，人民出版社 2006 年版。

[19] 韩伟：《社会治理需要遵循民主法治导向——对基层社区网格化社会治理的反思》，载《理论导刊》2016 年第 1 期。

[20] 韩央迪：《英美社区服务的发展模式及对我国的启示》，载《理论与改革》2010 年第 3 期。

[21] 何军：《网格化管理中的公众参与——基于北京市东城区的分析》，载《北京行政学院学报》2009 年第 5 期。

[22] 姜晓萍：《国家治理现代化进程中的社会治理体制创新》，载《中国行政管理》2014 年第 2 期。

[23] 柯尊清：《网格化社会服务管理的优势、问题与展望》，载《安徽行政学院学报》2013 年第 4 期。

[24] 李鹏、魏涛：《我国城市网格化管理的研究与展望》，载《城市发展研究》2011 年第 1 期。

[25] 李强、葛天任：《社区的碎片化——对 Y 市社区建设与城市社会治理的实证研究》，载《学术界》2013 年第 12 期。

[26] 李树忠：《表达渠道权与民主政治》，载《中国法学》2003 年第 5 期。

[27] 李耀新：《准确把握政府在社会管理创新中的定位》，载《国家行政学院学报》2012 年第 3 期。

[28] 李友梅：《我国特大城市基层社会治理创新分析》，载《中共中央党校学报》2016 年第 2 期。

[29] 李增添：《论思想政治教育在社会动员中的作用》，载《求实》2007 年第 3 期。

[30] 刘成良：《行政动员与社会动员：基层社会治理的双层动员结构》，载《南京农业大学学报（社会科学版）》2016 年第 3 期。

[31] 刘俊文：《日本学者研究中国史研究论著选译（第三卷·上古秦汉）》，中华书局 1993 年版。

[32] 刘伟忠：《协同治理的价值及其挑战》，载《江苏行政学院学报》2012

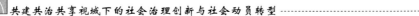

年第 5 期。

　　[33] 刘一皋：《社会动员形式的历史反视》，载《战略与管理》1999 年第 4 期。

　　[34] 刘铮、马爱荣：《中国城镇化进程中的流动人口问题》，载《黑龙江社会科学》2015 年第 5 期。

　　[35] 柳建文：《现代化进程中的适度社会动员——发展中国家实现社会稳定的重要条件》，载《社会科学》2005 年第 1 期。

　　[36] 罗凌云、风笑天：《论第三部门与我国社会保障社会化模式的发展》，载《社会》2001 年第 4 期。

　　[37] 罗思东：《美国地方政府体制的"碎片化"评析》，载《经济社会体制比较》2005 年第 4 期。

　　[38] 吕志奎：《中国社会管理创新的战略思考》，载《政治学研究》2011 年第 6 期。

　　[39] 马友乐：《社会治理精细化：科学内涵、基本特征与现实依据》，载《领导科学参考》2016 年第 35 期。

　　[40] 毛军权：《业主委员会：社区治理中的制度共识、自治困境与行动策略》，载《兰州学刊》2011 年第 5 期。

　　[41] 潘德勇：《我国社会治理模式选择的理论基础与现实依据——以网格化管理为视角》，载《管理学研究（湖北行政学院学报）》2014 年第 6 期。

　　[42] 钱端长：《民国政制史》，上海人民出版社 2005 年版。

　　[43] 石发勇：《业主委员会、准派系政治与基层治理——以一个上海街区为例》，载《社会学研究》2010 年第 3 期。

　　[44] 宋贵伦：《深化街道体制改革推动基层治理创新》，载《中国党政干部论坛》2015 年第 12 期。

　　[45] 唐晓光：《权力的转移——转型时期中国权力格局的变迁》，浙江人民出版社 1999 年版。

　　[46] 王冬元等：《新时期中国社区建设与管理实务全书》，学苑出版社 2001 年版。

　　[47] 王仕民、郑永廷：《现代社会条件下的社会动员与引导对策》，载《社会科学》1997 年第 9 期。

　　[48] 王思斌：《社会工作机构在社会治理创新中的网络型服务治理》，载《学海》2015 年第 3 期。

　　[49] 王巍：《国家—社会分析框架在社区治理结构变迁研究中的应用》，载《江苏社会科学》2009 年第 4 期。

[50] 王喜、范况生、杨华、张超:《现代城市管理新模式:城市网格化管理综述》,载《人文地理》2007年第3期。

[51] 王学俭、高璐佳:《现代社会动员理论与马克思主义大众化策略》,载《兰州大学学报(社会科学版)》2010年第2期。

[52] 文军:《从单一被动到多元联动——中国城市网格化社会管理模式的构建与完善》,载《学习与探索》2012年第2期。

[53] 吴桂英:《共商共治同心同向推动城市管理》,载《前线》2016年第10期。

[54] 吴开松:《论社会动员在构建和谐社会中的功能》,载《中南民族大学学报(人文社会科学版)》2007年第6期。

[55] 吴忠民:《重新发现社会动员》,载《理论前沿》1993年第21期。

[56] 徐永祥、曹国慧:《"三社联动"的历史实践与概念辨析》,载《云南师范大学学报(哲学社会科学版)》2016年第3期。

[57] 燕继荣:《社会管理创新与服务型政府建设》,载《行政论坛》2012年第1期。

[58] 杨光飞:《网格化社会管理:何以可能与何以可为》,载《江苏社会科学》2014年第6期。

[59] 杨敏:《公民参与、群众参与与社区参与》,载《社会》2005年第5期。

[60] 杨团:《中国的社区化社会保障与非营利组织》,载《管理世界》2000年第1期。

[61] 杨雪冬:《走向社会权利导向的社会管理体制》,载《华中师范大学学报(人文社会科学版)》2010年第1期。

[62] 杨严敏:《国家治理现代化进程中的社会治理创新策略:社会政策的行动框架》,载《广西社会主义学院学报》2014年第5期。

[63] 叶南客、陈金城:《我国"三社联动"的模式选择与策略研究》,载《南京社会科学》2010年第12期。

[64] 尹广文、李树武:《多元分化与关系重构:社会组织参与城市基层社区治理的模式研究》,载《理论导刊》2015年第10期。

[65] 尹广文:《多元分化与关系重构:社会组织参与城市基层社区治理的模式研究》,载《理论导刊》2015年第10期。

[66] 尹志刚:《从中国大城市基层政府管理体制改革看城市管理及社会治理(下)——以北京市街道办事处管理体制改革为例》,载《北京行政学院学报》2006年第6期。

[67] 于建嵘:《岳村政治》,商务印书馆2011年版。

［68］俞可平：《治理与善治》，社会科学文献出版社 2000 年版。

［69］袁小平、潘明东：《农村社区建设中社会动员的现状、问题与对策——来自江西省 9 个村的实地调查》，载《南昌大学学报（人文社会科学版)》2016 年第 5 期。

［70］张宏卿、肖文燕：《查田运动与中央苏区民众动员》，载《江汉大学学报》2008 年第 5 期。

［71］张康之：《社会治理中的协作与合作》，载《社会科学研究》2008 年第 1 期。

［72］张双喜：《社会治理方式网格化创新》，载《人民论坛》2015 年第 32 期。

［73］张振伦：《从行政主导到社会动员：新型城镇化动员机制创新》，载《四川行政学院学报》2014 年第 3 期。

［74］赵孟营、王思斌：《走向善治与重建社会资本》，载《江苏社会科学》2001 年第 4 期。

［75］赵晓耕：《中国古代法制史专题研究》，中国人民大学出版社 2014 年版。

［76］赵语慧：《网格化管理与政府职能定位》，载《人民论坛》2013 年第 2 期。

［77］郑泽金、张国祥：《城市网格化管理拓展研究——以宜昌市网格化管理为例》，载《管理学研究（湖北行政学院学报)》2014 年第 4 期。

［78］中国行政管理学会课题组：《加快我国社会管理和公共服务改革的研究报告》，载《中国行政管理》2005 年第 5 期。

［79］邹奕、杜洋：《"社会动员"概念的规范分析》，载《天津行政学院学报》2013 年第 5 期。

附　录

所在居委会和社区：＿＿＿＿＿＿＿＿＿＿＿

S 街道社区治理创新综合评估调查问卷

亲爱的居民：

您好！为了有效掌握街道社区治理的基本状况，整合社会组织资源优势，提升社区治理与服务的水平，受街道动员科的委托，我中心组织了此次调研活动，希望得到您的配合与帮助。本次调查将严格按照《统计法》的要求进行，您的答案并无对错、好坏之分，所有回答只用于统计分析，您的个人意见信息将按照社会调查研究伦理的保密原则得到保护。请您结合自己的实际情况如实填写本问卷，您的真实意见将有助于街道提升社区治理水平。感谢您的支持与配合！

S 街道动员科
Y 社会工作服务中心
2017 年 9 月

填写说明：

1. 请您在要选择的答案前面的题号上划"√"；

2. 如无特殊说明，所有题目均为单选；

3. 问卷的正反面都有文字，请注意查看背面并填写；

4. 选项中的"其他＿＿＿＿＿＿"表示除了我们列出的答案之外，如果您还有自己的答案，请写在后面的横线上。

一、个人基本信息

1. 性别：

（1）男　　（2）女

2. 年龄：

3. 婚姻状况：

（1）已婚　　（2）未婚　　（3）离异　　（4）丧偶

4. 您现在所住房屋：

（1）6 层以上高栋住宅　　（2）6 层以下住宅　　（3）平房住宅

5. 文化程度：

（1）高中及以下　　（2）大专　　（3）大学本科　　（4）研究生及以上

6. 就业情况：

（1）就业　　（2）失业　　（3）离退休　　（4）其他

7. 您的月收入是：

（1）1001～1500 元　　（2）1501～2000 元　　（3）2001～2500 元

（4）2501～3000 元　　（5）3001～3500 元　　（6）3501～4000 元

（7）4001～4500 元　　（8）4500 元以上

8. 您在现在的社区居住多长时间了？

（1）1 年以内　　（2）1～3 年　　（3）4～6 年　　（4）7～10 年

（5）10 年以上

9. 您家的人口数是：

（1）1 人　　（2）2 人　　（3）3 人　　（4）4 人　　（5）5 人

（6）6 人及以上

10. 您家中 60 岁以上的老人有？

（1）1 人　　（2）2 人　　（3）3 人及以上

11. 您家中 16 岁以下的孩子有？

（1）1 人　　（2）2 人　　（3）3 人及以上

二、对社区治理与服务的评价

12. 您平常生活中的困难有哪些？

（1）家政维修　　（2）收入就业　　（3）儿童教育　　（4）邻里关系

（5）医疗健康　　（6）文艺娱乐　　（7）其他_____

13. 您对自己目前的生活状况评价如何：

（1）非常满意　　（2）比较满意　　（3）一般

（4）比较不满意　　（5）非常不满意　　（6）不清楚

14. 您是否了解街道社会动员中心？

（1）很了解　　（2）比较了解　　（3）有一些了解　　（4）不了解

15. 您在日常生活中接受过社会组织或社工的服务吗？

（1）接受过　　（2）听说过，但没接受过

（3）没听说过，也没有接触过（请跳至第 18 题作答）

16. 您觉得目前社会组织或社工为居民提供的服务如何？

（1）非常专业　　（2）比较专业　　（3）不太专业　　（4）非常不专业

（5）不清楚

17. 您生活中遇到困难会求助于社会组织或社工吗？

（1）会　　（2）不会　　（3）说不清楚

18. 您对目前地区市容环境的整体评价是？

（1）非常满意　　（2）比较满意　　（3）一般

（4）比较不满意　　（5）非常不满意　　（6）不清楚

19. 您认为目前社区治理和居民服务的不足有哪些？（可多选）

（1）工作人员素质差　　（2）活动经费不足　　（3）缺乏活动场地

（4）居民参与低　　（5）服务内容少　　（6）服务人群单一

（7）服务力度和质量差　　（8）其他

20. 对以下社区治理与服务项目，您的使用情况如何？（请在相应的方格里打"√"）

服务项目	使用情况					
	频繁使用	经常使用	一般	不太使用	偶尔使用	从未使用
掌上社区						
社会救助						
共商共治 ABC						
社会动员中心						
优抚优恤						
文体活动						
慈善捐赠						
青少年服务						
为老服务						
志愿服务						
社区法律咨询服务						
心理健康咨询服务						
交通微循环						
妇联服务						
婚姻家庭咨询						
残联服务						

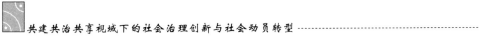

21. 对以下社区治理与服务项目，您的参与情况如何？（请在相应的方格里打"√"）

服务项目	参与情况					
	频繁参与	经常参与	一般	不太参与	偶尔参与	从未参与
党建工作						
掌上社区						
居民提案大赛						
社会动员中心						
社会救助						
共商共治 ABC						
文体队伍						
慈善捐赠						
网格化管理						
青少年服务						
为老服务						
志愿者队伍						
环境整治						
妇女儿童服务						
婚姻家庭咨询						
残疾人服务						

22. 对以下社区治理与服务项目，您分别作何评价？（请在相应的方格里打"√"）

服务项目	满意程度					
	非常满意	比较满意	一般	不太满意	很不满意	不清楚
党建工作						
掌上社区						
居民提案大赛						
社会救助						
共商共治 ABC						
优抚优恤						

服务项目	满意程度					
	非常满意	比较满意	一般	不太满意	很不满意	不清楚
社会动员中心						
文体活动						
慈善捐赠						
网格化管理						
青少年服务						
为老服务						
志愿服务						
社区法律咨询服务						
心理健康咨询服务						
婚姻家庭咨询服务						
环境整治						
妇联业务						
残联业务						

23. 您认为目前社区志愿服务有助于改善居民生活吗？

（1）	（2）	（3）	（4）	（5）	（6）
非常有用	比较有用	一般	不太有用	根本没用	不清楚

三、对社区治理与服务的建议

24. 您如何看待"社区治理与服务"项目的创新？（可多选）

（1）改进社区服务　　　　　　（2）提高社会组织专业水平

（3）整合社区资源　　　　　　（4）强化政府的责任

（5）担心搞形式走过场　　　　（6）担心自己享受不到服务

（7）担心没有什么效果　　　　（8）不清楚

25. 请谈谈您对社区治理与服务项目的期望与建议。

_____

_____

本次调查结束了，再次感谢您的参与！祝生活愉快！